**G. D. H. 콜의
산업민주주의**

G. D. H. Cole, *The Case for Industrial Partnership*, London: Macmillan & Co Ltd;
New-York: St Martin's Press, 1957.

시민 교양 신서 08

G. D. H. 콜의
산업민주주의

노동자를
협업자로
인정하라

G. D. H. 콜 지음
장석준 옮김

도서출판

좁쌀한알

차례

G. D. H. 콜의 산업민주주의

『G. D. H. 콜의 산업민주주의』 해제

민주적 사회주의와 산업민주주의,
두 세기의 모색과 21세기의 과제

제1장
서론

사회정의의 방향에서 최근에 우리는 자부심을 느끼기에 충분할 만큼의 성취를 이뤄냈다. 우리는 오늘날 우리나라에 굶주려야만 하는 남녀는 결코 존재하지 않으며, 교육과 보건 서비스가 어느 정도는 만인에게 무상으로 제공되고, 병자·장애인·노인·실업자가 마침내 생계 수단의 박탈을 걱정하지 않아도 됨을 자랑스럽게 밝힌다. 이러한 변화를 비난하면서 이런 변화 때문에 민중의 자립심이 허물어지고 있다고 주장하는 이들도 일부 있는 것이 사실이다. 게다가 이기적이게도 보통 사람들에 맞서 경제적 기득권과 특권을 계속 움켜쥐려고 하는 일부 집단은 순전히 동료 시민들 사이에서 우쭐대려는 갈망과 탐욕 때문에 '복지국가' 구상을 통째로 반대한다. 하지만 이 두 집단은 극소수에 불과하다고 나는 믿는다. 사회계층에 상관없이 오늘날 대다수 영국 국민은 사회가 모든 사회 구성원의 절대적 필요를 일정하게 챙길 책무가 있으며, 쓰라린 고통에 처한 구성원들을 제대로 돌보지 않고 방치해서는 안 된다는 것을 인정한다. 바로 그만큼 우리는 –정말 최근에야!– 문명국을 향해 성큼 나아갔지만, 아직도 우리는 우리 영국인들에게 적용되는 바가 마땅히 지구 위 모든 이에게 적용돼야 하며, 우리 방식대로 이를 모두가 짊어져야 할 공동의 책무로서 받아들여야 함을 제대로 이해하지는 못하고 있다.

우리 중 일부는 그나마 이런 진전된 인식에 어렴풋이나마 다가가고 있지만, 이것이 함축하는 과업의 엄청난 규모는 전혀 실감하지 못하는 상태다. 이러한 성취, 그리고 앞으로 계속 쟁취돼야 할 바에 대한 이 같은 생각이야말로 인간 진보의 핵심이다. 슬프게도 무엇이 올바른지에 대한 우리의 인식과 우리의 긍정적 활동에는 아직 부족한 점이 많지만, 어쨌든 인류의 앞선 모든 세대보다 전진했다고는 확실히 말할 수 있다. 생산의 기예를 더욱더 확고히 정복함으로써 인간의 필요를 더 풍부히 충족시킬 수단을 자유로이 구사하게 되지 못했더라면 아마도 이런 경지에 도달할 수 없었으리라. 또한 내가 생각하기에는 보통의 남성과 여성이 투표권을 부여받고 자기주장을 뒷받침할 조직을 결성할 역량을 확보하지 못했더라도 이런 성취는 이뤄질 수 없었을 것이다. 보통선거제도 아래서 대중조직의 뒷받침을 받는 정당들은 보통 사람들의 요구 사항을 고려하지 않을 수 없었다. 그리고 노동조합으로 강력하게 조직된 노동자들은 더 이상 과거에 그랬듯이 그저 혹사당할 수만은 없었다. 원인이 무엇이었든 이들 사실은 지울 수 없는 자취를 남겼다. 우리 모두는 같은 사회 구성원이며 남녀 누구든 다른 이의 목적을 위한 순전한 수단으로 다뤄질 수 없다는 인식을 향해 결정적인 일보 전진이 이뤄졌다. 마침내 우리는 인권이라는 위대한 개념에 단순한 립 서비스 이상의 뭔가를 제시하기에 이르렀다.

하지만 이 권리의 완전한 인정에 필요한 수준에 비하면 이제까지의 성취는 얼마나 하찮은가. 심지어는 원내 다수를 점한 사회주의 정부가 6년 동안 집권했다는 영국마저 그러하다. 6년이 긴 시간이 아님은 나도 안다. 그러니 이 문제에서 노동당 정부가 이뤄낸 바보다는 하지 못한 바를 중심으로 비난할 마음은 없다. 내가 보기에 복지국가 측면에서 노동당 정부는 경제적으로 곤란한 시기에, 게다가 권력을 유지하기 위해 기댈 수밖에 없는 여론 역시 좋지 않은 상황에서 나름 최선을 다했다. 비록 오류가 실제 존재하더라도 이를 끄집어내는 것이 이 소책자에서 나의 목표는 아니다. 그보다는 노동당 정부가 새로 들어섰을 때에 우리가 마땅히 준비하고 있어야 할 다음 걸음이 무엇인지 탐색하는 것이 목표다. 하지만 설령 관심을 국내로 한정시킬지라도 이 책에서 미래 사회주의 정책의 전 영역을 포괄할 생각은 없다. 훨씬 더 좁게 제한된 나의 목표는 내가 보기에 다른 많은 쟁점에 큰 영향을 끼치는 핵심 쟁점인 **지위**(status) 문제를 다루는 것이다. 특히 산업이나 여타 '유급' 직종에 임금 혹은 봉급 소득자로 고용됨으로써 생계를 이어가거나, 아니면 당장은 고용 기관이 어떤 이유에서든 업무를 더 이상 필요로 하지 않는다며 직무에서 해고해 지위와 소득을 박탈당한 일단의 사람들, 남성과 여성 그리고 청소년에게 해당되는 지위 문제를 다룰 것이다. 달리 말해 나는 유휴인력 문제라 불리게 된 바에 대해, 이와 관련된 모든 사안에 대해 쓰려 하는데, 이 문제를 다루는 방식이야말로 노동자의 지위를 둘러싼 모든 물음과 **인권**이라는 중대한 쟁점에 대해 결정적인 중요성을 지닌다는 것이 나의 신조다.

이제껏 복지국가를 향해 어렵사리 한 걸음 한걸음 내딛으면서 우리는 주로 '사회보장'이라 불리는 그야말로 최저 기준을 만인에게 실질적으로 보장해야 한다는 생각을 실현하는 데 집중해왔다. 이 생각이 1942년 베버리지 보고서의 토대가 됐고, 이 보고서는 다시 최근 우리의 사회입법에 광범한 토대가 되고 있다. 이 보고서에서 윌리엄 베버리지(William Beveridge)는 그가 '5대악'-결핍, 질병, 무지, 비위생, 무위도식-이라 이름 붙인 바에 선전포고했다. 물론 우리 시대의 가장 위대한 대정부 보고서(Blue Book)에서 그가 직접 권고하는 내용은 5대악 중 하나-대결핍-에 주로 집중됐고, 그의 우선적 관심사는 질병 때문이든, 아니면 장애나 실업, 고령 때문이든 입에 풀칠할 소득을 일시적으로 혹은 영구히 상실한 이들이 그럭저럭 생계를 이어갈 수단조차 없이 방치되지 않도록 하는 것이었지만 말이다. 하지만 베버리지는 자신의 실제적 충고를 더 큰 원칙의 틀 안에서 제시했고, 이를 통해 본인의 당면 관심사를 넘어 더욱 광범한 사회적 조치들로 나아갈 -포괄적 사회보험 계획뿐만 아니라 아동수당과 국민보건서비스 (National Health Service: NHS)를 주창할- 길을 열었다.

베버리지 보고서는 위대한 업적이다. 하지만 주요 제안만 놓고 보면 순전히 궁핍을 막을 방법과 수단을 발전시키는 데에 머물렀고, 이 사회에서는 궁핍이 몇몇 예외적인 경우만이 아니라 수백만 인구에게 항존하는 위협이자 앞으로도 일상에 늘 따르는 현실로 부상할 수밖에 없다는 전제에 갇혀 있었다. 베버리지는 이런 상황이 몰고 오는 결과에 일정 정도-살아가는 데 필요한 가장 기초적인 것들을 연명이 가능한 최저 수준에서 제공하는 정도-까지 대항할 수단을 제시하고자 노력했다. 그는 자신의 당면 관심사 안에서 더 나아갈 수 없었고, 아마도 자유당 당원으로서 그럴 의향 자체가 없었을 것이다. 그는 장애인, 병자, 실업자 혹은 퇴직자의 여건을 정규 고용 노동자 수준에 맞추려 하지 않았다. 또한 현업에 있는 이들의 여건이나 지위에 변화를 권고하는 일 역시 그의 과제에 포함되지 않았다. 일자리가 있는 이들은 스스로 알아서 살아야 한다는 전제-어쨌든 정부가 완전고용 상태를 유지할 능력과 의지가 있는 한-가 여전했고, 베버리지가 이후의 문서에서 밝혔듯이 이는 그의 계획에 깔린 기본 전제 중 하나였다. 말하자면 베버리지의 주된 관심사는 정상적인 방식으로 생활비를 벌 능력을 상실한 이들과 경제체제의 피해자들 중 누구도 절대로 생계유지의 최저 기준 아래로 추락하지 않도록 보장함으로써 달성되는 포괄적 구제였다.

노동 생활의 피해자들-노인이라는 최고의 피해자조차-에 대한 사회의 책임을 인정하지 않았고, 간혹 인정하더라도 극히 일부 책임만 지면 되는 문제인 양 다뤘던 과거 우리 사회제도의 비인간성에 비하면 이는 상당한 진전이었다. 그러나 피고용 인구는 여전히 자기가 일하는 산업이나 서비스에서 쉽게 해고 통지를 받을 수 있고, 해당 산업이나 서비스에서 그들을 계속 고용하기에 적정하다고 여기는 임금 수준을 넘어서는 요구를 제시하기라도 하면 전혀 인정받지 못하는 명백히 열등한 지위에 처해 있다. 사기업에서 주주는 소유자로서 가장 강력한 청구권을 지닌다고 간주됐고, 이는 그들의 자산 가치를 떨어뜨릴 수도 있는 위험(risk)을 통해서만 제약됐다. 실제로는 일반적으로 자산 가치가 증대하는 경우가 더 많았지만 말이다. 사기업이 공기업으로 바뀌는 경우에는 주주의 보상 청구권이 인정됐다. 그러나 노동자는 아니었다. 심지어는 일자리를 잃은 상황에서도 말이다. 피고용 노동자는 관리직 서열에서 매우 높은 지위를 차지하지 못하는 한 비록 오랫동안 성실히 일했더라도 자신의 일자리에 대해 재산권 일체를 인정받지 못했고 지금도 그러하다. 산업은 이에 투자된 자본을 소유한 이들의 자산이지 피고용 종업원으로 그 안에서 일하는 이들의 자산은 아니다. 이와 달리 산업이 국가 소유인 경우에도 노동자는 비록 사기업에서 일하는 대다수 노동자에 비해서는 실제로 해고의 고통이 덜하더라도 그 지위에는 여전히 별다른 변화가 없다.

최근 민간기업의 납부금으로 운영되는 민간 노령연금 제도가 괄목할 만하게 급성장한 것은 사실이다. 하지만 이는 여전히 일반 생산직 노동자가 아니라 '간부' 사원에게 주로 적용되는데, 이런 한계 안에서조차 상시 고용의 권리는 보장하지 않는다. 노동이 경제적 필요의 변화에 맞춰 쉽게 이동할 수 있게 함으로써 위축 중인 산업의 인건비 부담을 줄여주고 동시에 확장 중인 산업 및 직종에 필요한 신규 인력을 확보하는 것은 필수 불가결한 과제이기 때문에 상시 고용 보장은 있을 수도 없고 있어서도 안 된다는 주장이 실제 널리 퍼져 있다. 분명히 이런 이동성은 필수적이며 보장돼야 한다. 모든 노동자가 현재 고용된 직종이나 회사에 평생 고용돼야 한다는 제안은 어리석고 반사회적이라 할 것이다. 하지만 나는 이 사실로부터 노동자를 열등한 지위나 탈출구 없는 경제적 불안정성에서 구할 방책이 전혀 없다는 결론이 나온다고는 생각하지 않는다. 노동자는 자신이 고용된 산업이나 서비스 안에서 협업자의 지위를 인정받아야 하며, 어느 곳에서든 동등한 지위를 보장받을 수 있을 때까지는 현재의 소속 기업 안에서 이 지위를 유지할 권리 역시 인정받아야 한다.

참으로 이 지위 문제야말로 내게는 근본적 중요성을 지니며, 이렇게 노동자를 협업자로 인정하는 것은 최저 기준을 지원하는 복지국가에서 한 걸음 더 나아가 사회 평등이라는 기본 원리에 바탕을 둔 사회주의 사회에 이르는 데 불가결한 부분이다. 휴 게이츠켈(Hugh Gaitskell)[1]은 "사회주의의 핵심은 평등"이라고 말했다. 그리고 평등은 본질적으로 소득 격차 해소보다는 사회적 지위와 더 관련된 문제다. 소득 격차는 그 정도가 그리 크지 않은 한 서로 근본적으로 평등한 사람들 사이에서도 존재할 수 있다. 그러나 계급을 구분 짓는 지위의 격차는 그렇지 않다. 이런 종류의 불평등을 향해 단호한 공격에 나서는 일이야말로 앞으로 등장할 사회주의 정부의 국내 과제들 중 가장 긴급한 것이다. 그리고 이 책의 목표는 바로 이 과제를 어떻게 달성할 수 있을지 제안하는 것이다.

이 문제의 긴급성은 자동차 산업에서 이미 등장한 유휴인력을 둘러싼 위기에서 잘 드러나며, 특히 '신용 제한(credit squeeze)'[2]이 계속될 경우에는 언제든 다른 산업 부문으로 확산될 수 있다.

---

1 [역주] 1906~1963. 영국 노동당 정치가. 1950년대에 노동당에서 케인스주의를 사회주의와 동일시하는 우파 노선을 대표했으며, 생산수단의 사회적 소유와 관리를 규정한 당헌 제4조의 폐기를 시도했으나 실패했다. 콜이 이 책을 쓸 무렵에 야당이던 노동당의 대표였다.

2 [역주] credit crunch라고도 하며, 은행이 전반적으로 대출을 기피하는 금융위기 국면이나, 아니면 이를 예방하기 위해 정부가 대출 조건을 강화하는 상황을 뜻한다.

1956년에 우리는 자동차 수요가 터무니없이 높은 수준으로 의도적으로 부양된 뒤에 해외 매출의 심각한 하락과 국내시장의 한계가 겹쳐서 급락했다는 이유만으로 수천 명의 노동자가 주요 자동차 대기업에 의해 해고되는 극적인 광경을 목격했다. 이 해고는 해고 대상이 된 노동자들과의 어떠한 사전 협의도 없이－실제 어떤 경우에는 일체의 협의가 없었다－ 그리고 해고된 이들이 일자리 상실에 대해 보상을 청구할 권리를 전혀 인정받지 못한 채 이뤄졌다. 노동자들과 소속 노동조합은 당연히 이 조치에 맞섰고 악명 높은 브리티시 모터 코퍼레이션(British Motor Corporation)[3]의 경우는 협의가 일절 없었다는 점에서 사용자에게 책임이 있다는 인정을 말로나마 받아낼 수 있었다. 하지만 노동조합이 비록 노동자 저항을 지지하기는 했지만 무엇을 요구해야 할지에 대해 근거와 확신이 전혀 없었다는 점 역시 분명했고, 아직은 노동조합 운동 전반과 노동당 모두 향후 틀림없이 재발할 테고 만약 자동화가 급속하게 전개될 경우에는 참으로 가공할 규모로 아주 빠르게 닥칠 이와 같은 상황을 해결할 구체적 정책을 갖추지 못하고 있다는 점 또한 마찬가지였다. 이러한 정책이 노동운동의 산업 대표[노동조합]든 정치 대표[노동당]든 모두의 단결된 지원을

---

3 [역주] 약칭 BMC. 1952년에 오스틴(Austin)과 모리스(Morris)의 합병으로 탄생한 영국의 자동차 회사. 1968년에 레일랜드 모터 코퍼레이션(Leyland Motor Corporation)에 흡수됐다.

받으며 그야말로 긴급히 입안·추진돼야 한다. 그리고 이 책은 바로 이 과제에 한몫하고자 제출되는 것이다. 나는 이 책의 제안이 모두 다 옳지는 않을 수도 있음을 알지만, 이 특별한 쟁점을 다루는 데만이 아니라 복지국가라는 현재 인식을 넘어 우리 사회주의자들이 궁극 목표로 삼는 저 계급 없는 사회를 향해 나아갈 수단이라는 훨씬 더 광범하고 커다란 문제에 도전하는 데에도 토대를 제공할 만큼 문제의 근본에 다가갔다고 믿는다.

제2장
산업민주주의를 주창한다

오랫동안-내가 첫 번째 주요 저작《노동의 세계(The World of Labour)》[4]를 펴내고 43년이 지나는 동안- 나의 저작들을 계속 읽은 이라면 내가 산업민주주의의 지칠 줄 모르는 주창자이며, 여기에는 노동자가 산업 통제에 실질적으로 참여하는 조치가 포함된다는 점을 잘 알고 있을 것이다. 이는 한 세대도 더 전에 내가 적극 결합했던 길드사회주의 운동의 독특한 요구였다. 또한 나는 정치 문제뿐만 아니라 산업 문제에도 민주적 방식을 적용하지 않는 한 어떤 사회도 진정 민주적 토대 위에 서 있다고 할 수 없다는 시각을 한 번도 포기한 적이 없다. 대다수 남성과 여성에게 정치 참여란 주로 선거 때만 이뤄지는 드문 활동일 뿐이다. 일상 정치 활동은 선출직 공직자들의 몫이며, 관료들이 이들 공직자의

---

4 [역주] 콜이 제1차 세계대전 직전인 1913년에 발표한 첫 저서. 청년기 콜의 길드사회주의 사상이 담긴 저작들 중 하나다.

지시를 받아 정책 실행을 돕는다고 돼 있다. 다른 한편 우리 대다수에게 산업과 고용은 청소년기부터 퇴직 연령에 이르기까지 거의 매일 수행하는 활동이다. 여기에서도 정책 결정은 주로 관료와 선출직 대표자에게 위임되지만, 생산 및 서비스 활동을 수행하다 보면 일상적 참여가 우리 노동 생활에서 커다란 부분을 차지해야 함을 절감하게 된다. 현재의 조건에서 우리 중 대다수는 남들이 짜놓은 명령을 실행하는 데 대부분의 시간을 쓴다. 다만 너무 불공평하다고 여겨지는 명령에 집단적으로 저항함으로써 우리에게 내려질 수 있는 명령의 성격을 소극적으로 제약할 수는 있다. 현재 우리가 우리의 노동 생활 여건을 결정하는 데 발휘할 수 있는 힘은 이렇게 근본적으로 소극적인 것이다. 이는 노동 조건이 어떠해야 하는지 결정하는 데 참여하는 적극적 권리로 확대되지 못하고 있다.

나는 늘 이 상황이 기본적으로 비민주적이며 잘못됐다고 생각했다. 함께 틀을 짜지 않은 명령에 복종하느라 대부분의 시간을 보내는 대다수 민중이 필연적으로 복종의 습관에 물들어 피고용 노동자로서만이 아니라 시민으로서도 이런 태도를 보이리라는 것은 불을 보듯 빤하다. 비록 이 정도까지는 아니더라도 이들은 만사에 울화가 치밀어 일에서도 행복을 찾지 못하고 개인적·사회적 관계에서도 불만에 휩싸인 채 제대로 적응하지 못할 것이다. 둘 다 나쁜 결과이며, 건설적 민주주의와 책임을 수반한 시민권이라는 요건과 맞지 않는다. 정치제도가 만인의 동등한 시민권이라는 토대 위에 서야 한다는 것은 이제 상식이다. 또한 나는 이 요청이 산업 제도에도 유효하며, 이 원칙이 실제 인정받고 적용되지 않는 한 우리의 형식적 민주정치 제도는 결코 제대로 된 민주주의라 할 수 있는 방식으로 작동할 수 없다고 줄기차게 주장했다.

이에 대한 상투적인 대답은 산업 정책이 평범한 기층 노동자의 시야를 넘어선 전문가들의 영역일 수밖에 없으므로 산업에서는 민주주의를 실현할 수 없다는 것이다. 하지만 그렇게 따지면 정치도 마찬가지이며, 어쨌든 정치적 수단을 통해 해결해야 하는 문제 대부분이 그러하다. 평범한 유권자가 의회 법안이나 하다못해 지방자치단체 기획안이라도 입안하는 데 필요한 지식과 역량을 갖춰야 한다고 생각하는 이는 없다. 정치 활동 참여자로서 유권자에게 필요한 바는 여러 당이나 대표자 중에 자기가 지지하는 당이나 대표자에 투표하는 것이고, 뭔가가 잘못됐거나 뭔가를 해야 한다고 절실히 느낄 때에 흔히 자기가 속한 집단이나 결사체를 통해 목소리를 낼 태세를 갖추는 것이다. 우리나라는 다른 몇몇 나라에서 하는 것처럼 유권자에게 특정 사안에 관해 국민투표에 참여하도록 요청하지 않는다. 또한 대의 임무를 맡긴 피선출자들에게 유권자가 쟁점마다 지침을 제시하지도 않는다. 물론 피선출자나 그가 속한 정파 다수가 맘에 들지 않는 행동을 하면 다음 선거에서 재선출을 거부할 수는 있지만 말이다. 유권자는 자의에 따라 정치 문제에서 주된 역할을 맡는 보다 적극적인 소수의 영향을 받으면서 선거 때마다 표를 던지는 정도로만 정치 문제에 관심을 기울이면 된다.

나는 보통 남성 혹은 여성이 왜 산업 문제에는 이와 유사한 형태의 통제를 행사할 수 없다고 생각들 하는지 도무지 이해할 수가 없다. 내가 알기로 산업이든 정치든 대중 집회를 통해 운영할 수 있다거나 고위 공무원이나 지방자치단체 관료, 산업 경영자 없이도 사회가 지탱할 수 있다고 주장하는 이는 없다. 분명 공무원과 경영자 둘 다 없어선 안 되고, 이들이 명령을 내리는 위치에 서서 명령을 내리면 대체로 이에 따라야 한다. 산업 영역과 정치 영역 모두에서 문제는 이런 게 아니다. 문제는 명령을 내릴 때 누가 결재하고 최종 통제하는가, 그리고 명령이 오류로 판단될 때 누가 이에 이의를 제기할 권한을 지니는가이다. 정치 영역에서 우리는 공무원이 주무 장관의 통제, 그리고 최종적으로는 정부 전체의 통제 아래 행동하도록 요구받는다고 생각한다. 더 나아가 정부는 의회에 책임을 지며, 다시 의회는 그들을 선출한 시민에게 책임을 진다. 반면 산업 영역에서는 이에 상응하는 책임 계통이 존재하지 않는다. 물론 경영진은 이사회에 책임을 지며, 다시 이사회는 이른바 '주식' 자본을 보유한 주주들에게 명목상 책임을 진다. 그러나 이러한 통제는 점점 더 허구에 가까워지고 있는데, 이는 단지 대다수 주주가 그들의 형식적 권한을 사용하려 하지 않기 때문만은 아니다. 훨씬 더 중요한 이유는 최고 경영진과 주요 이사가 동일인이어서 통제의 주체와 대상이 일치한다는 점이고, 영업 규모가 클수록, 그리고 모래알 같은 주주들로서는 도저히 다룰 엄두가 나지 않을 정도로 엄청난 결정을 포함하는 경우에 이런 대주주-경영자들이 더욱 막대한 권력을 보유하게 된다는 점이다. 어쨌든 이런 통제 구조 안에서 피고용 노동자 대다수에게는 어떠한 몫도 없다. 이 구조의 작동이 그들의 이해관계에 심각한 영향을 끼치고, 더 나아가 노동 생활의 진로 전반을 훼방 놓더라도 말이다. 노동자는 소속 기업 안의 협업자가 아니라 사용자가 더 이상 그들의 업무를 필요로 하지 않을 경우라면 언제든 해고될 수 있는 '일손'에 불과하다.

　이 상황은 결단코 잘못됐으며, 민주주의의 어떤 관점으로도 변호될 수 없다. 노동을 통해 산업에 기여하는 사람이라면 누구나 동료 인간에게 봉사하는 과정에서 자신이 가진 최상의 것을 바치는 셈이고, 따라서 그가 한몫 거들고 있는 팀 안에서 책임 있는 성원으로 대접받을 권리가 있다. 물론 그의 임무가 소비 대중이 바라는 바를 생산하고 생산의 효율성을 기하는 데 기여하는 것이라는 사실은 의심할 바 없다. 또한 지식이 허용하는 범위 안에서 수요를 결정하는 것은 생산자가 아니라 소비자 쪽이라는 점도 분명하다. 그러나 소비자의 요구를 어떻게 충족시킬지 결정하는 데 책임 있게 참여하지 못하게 하거나, 아니면 생산자의 노동시간을 쓸데없이 성가시게 만들거나 그밖에 인간에게 바람직하지 못한 결과를 초래하는 생산방식의 '비효용'에 주목하지 못하게 생산자를 배제하는 것은 부조리하다. 노동자들은 이미 소속 노동조합을 통해, 혹은 작업장에 노사 협의 기구가 있을 경우 이를 활용함으로써 이미 이런 지위를 점하고 있다고 할지도 모른다. 부분적으로는 그렇다. 하지만 노사 협의는 가장 철저히 추진되는 경우라 할지라도 결정권이 여전히 전적으로 경영진의 수중에 있으며, 노동조합을 통한 단체 협상은 표준임금 인상률, 노동시간 그리고 전반적으로 적용 가능한 고용조건을 다루는 데 비할 바 없는 가치를 지닌다 하더라도 개별 노동자와 대면 접촉 작업집단에게 가장 직접적으로 관련되며 특정 작업장에서 발생하는 특수한 여러 쟁점을 다루는 데는 결코 적합하지 않다. 게다가 노동조합은 산업의 실제 운영과 관련해서는 외부 기구라 할 수 있으니, 적극적인 차원이 아니라 소극적인 차원에서만 경영진에게 압력을 행사할 수 있기 때문이다. 통제 임무에서 노동조합은 그 본성상 협력 기관이라기보다는 대항 기관이 된다. 노동조합이 이런 본성에서 벗어날 경우는 오히려 조합원의 이익을 효과적으로 보호하는 역량이 손상돼 종국에는 조합원의 충성심을 잃는 지경에 빠지게 된다. 노동조합이 만약 산업 경영에 참여하게 된다면 이는 사실상 더 이상 노동조합이 아니며, 그 대신 집단적 방어의 새로운 기관이 창설돼야 할 것이다. 이것이 바로 노동조합과 경영진의

'공동 경영' 기획이 필연적으로 실패로 끝나는 이유다. 노동조합 대표를 주주가 지명한 다른 이들과 함께, 혹은 사회화된 기업의 경우는 정부나 이를 대행하는 일부 기관이 지명한 다른 이들과 함께 이사로 임명함으로써 문제가 해결될 수 있다는 것은 그릇된 발상이다.

노동자가 통제에 참여해야 한다는 주장은 사기업이든 공기업이든 노동조합을 대표하는 간부를 이사나 기업 경영자로 파견하자는 것이 아니다. 모든 노동자가 수습 기간 이후에는 어쨌든 소속 기업 안에서 협업자의 지위를 갖게 하자는 것이다. 그렇다고 활동적인 노동조합 간부 가운데 경영에 필요한 자질을 갖춘 이들을 이사나 경영자로 뽑는 게 잘못됐다는 이야기는 아니다. 다만 그렇게 선출된 경우에는 더 이상 노동조합 간부일 수 없고 노동조합을 대표해 대의 임무를 수행할 수 없다는 이야기다. 이 점에서 국유화된 기업의 이사가 된 노동조합 간부가 소속 노동조합 내 지위를 포기해야 한다는 노동당 정부의 주장은 전적으로 옳았다. 한 사람이 두 주인을 제대로 섬길 수 없는 법이고, 서로 임무가 충돌하는 경우가 생길 수도 있는 두 보직을 동시에 맡을 수도 없다. 산업 통제에 참여할 경우에 노동자들은 간부가 이중 충성이라는 잘못된 입장에 처하게 만들어선 안 된다. 그렇게 되면 노동자들이 얻을 것이라고는 환멸과 냉소뿐이다. 그리고 그 결과로 산업은 곤경에 처하게 될 것이다.

노동자에게 산업 통제에 참여할 정당한 권리가 있다는 생각에 반대하는 이들은 종종 대다수 노동자에게는 이런 종류의 열망이 없다는 주장을 근거로 든다. 그들의 주장에 따르면, 통상의 노동자는 자기 일자리를 단지 돈벌이 수단으로만 여기며, 따라서 적당히 일해서 해고를 피하는 것 외에 달리 책임을 지길 원치 않는다. 노동자는 일에서 흥미나 기쁨을 느끼지 않으며, 그가 기쁨과 흥미를 찾는 곳은 그 바깥, 즉 여가 시간이다. 그가 바라는 바는 분명 작업을 수행하는 것 외에 다른 의무를 지지 않는 쪽이며, 자신을 고용한 조직과 맺는 연계는 금전적 유대뿐이다. 운 좋은 소수 숙련 노동자들은 실제로 자기 일에서 상당한 만족감을 얻을 수도 있고, 예외적인 모범 사용자라면 종업원들이 회사에 얼마간 충성심을 갖게 만들 수도 있을 것이다. 그러나 이는 통상적인 경영에 따라 단조롭게 반복 작업을 수행하는 대다수 일반 노동자들에게는 적용할 수 없는 예외 사례라고들 한다. 이런 조건 아래 고용된 노동자들은 직접 고충을 겪어서 반항에 나서는 순간이 아니라면 경영 통제에 관심이 없다는 것이다.

이런 주장에는 분명 상당한 진실이 있다. 하지만 그렇기에 오히려 문제를 그대로 방치하기보다는 이런 상황이 바뀌길 바라야만 한다. 협력에 따른 책임 의식도 느끼지 못하고 흥미도 전혀 없는 일을 하게 되면 지루할 수밖에 없으며, 불행과 좌절을 느끼기 마련이다. 그리고 세상의 일 중 다수가 이런 조건 아래 수행되는 형편이기에 효율성과 만족도가 그토록 떨어지는 것이다. 일자리 중 절대다수가 그 자체로 지루한 데다 아예 불쾌한 일자리도 적지 않은 게 사실이라 인간적으로 만족스러운 조건 아래서 작업을 수행하기는 더욱 쉽지 않으며, 이런 지루함과 불쾌함을 가능한 한 어떤 수단을 써서라도 상쇄해야 할 이유만 늘어난다. 중요한 일을 한다고, 그러니까 지루하고 따분하더라도 유용한 목적을 위해 각자 제 몫을 한다고 느낄 경우에 지루한 일이라도 덜 지루하게, 따분한 일일지라도 덜 따분하게 된다는 사실은 부인할 수 없다. 남녀 불문하고 누구든 자기가 나름의 몫을 하는 **소중한 존재**라고 느끼길 바란다. 평범한 노동자는 자기 일자리의 조건이 직접 영향을 받는 경우가 아니라면 산업 통제에 관심이 없을 수 있다. 그러나 그/그녀는 일자리에 부여되는 **지위**에는 관심을 갖는다. 노동계급은 최근 몇 년 동안 노동계급의 힘이 강화되고 조건이 개선됐다고 느끼지만, 자신들이 여전히 열등한 사회적 존재로 간주되고 대우받는다는 사실, 그리고 산업 현장에서 스스로 별다른 잘못을 짓지 않아도 단지 그 지위 때문에 열등한 계급으로 취급받으며 이 때문에 언제든 예고도 없이 해고될 수 있다는 사실 또한 잘 알고 있다.

게다가 대다수 노동자가 통제에 적극 참여하는 데 관심이 없더라도 그렇지 않은 이들도 있다. 대다수 시민이 정치에 적극 참여하는 데 무관심하며 귀찮게 투표장에 갈 이유가 없다는 대중 선전에 넘어가기까지 했다는 게 어느 정도 진실일 수 있다. 하지만 그렇다고 사정이 이러니까 투표할 권리, 이 나라 정부를 통제할 정당을 투표로 결정할 권리를 없애자고 하는 이는 없다. 정치 문제든 산업 문제든 대다수 인민이 직접 적극적 역할을 맡으려 한다면 실제로 상당한 불편이 따를 것이다. 하지만 대의제라는 수단 덕분에 다수는 적극적 역할을 맡길 바라는 소수 가운데에서 자신을 대표할 인물을 선출할 수 있다. 따라서 필요한 것은 오직 필수 임무를 수행하고 유권자들에게 선택지를 제시할 이런 인물들이 충분히 존재해야 한다는 점뿐이다. 정치 영역에서는 다들 이를 인정한다. 한데 산업 영역에서는 왜 이를 인정하면 안 되는지 나는 이유를 모르겠다. 물론 어느 정도까지는 인정을 **한다**. 선거를 통해 노동조합 간부, 각종 위원, 직장위원(shop stewards)[5]이나 자문위원에 선출돼 맡은 바 임무를 수행하는 수천 명의 활동적 노동자들이 있다. 그러나 노동조합은 논외로 하고 산업 자체에는 이렇게 선출직 대표자로 활동하는 이들이 없으며, 위로부터 임명된 경영 위계제와 그 명령 아래 매일의 작업을 수행하는 다수 종업원 사이에는 유기적 연계가 존재하지 않는다.

이 상태는 교정돼야 하지만, 그 수단은 노동자의 이해관계를

---

5 [역주] 영국의 산업별 노동조합에서 개별 사업장 내 조합원들의 이익과 소통을 위해 활동하는 공식/비공식 활동가. 한국의 기업별 노동조합에서 현장 대의원이 맡는 역할과 비슷하다 할 수 있다.

G. D. H. 콜의 산업민주주의

보호한다는 노동조합의 기본 임무를 교란해서 노동조합운동을 파괴하지도 않을뿐더러 지식과 기술을 결여한 이들의 중우정치에 경영진을 종속시켜 관리 업무 자체를 불가능하게 만들지도 않는 것이어야 한다. 필요한 것은 정치가 이미 원칙상으로는 보통 사람의 판결에 최종 책임을 지는 서비스인 것과 마찬가지로 산업을 책임 있는 서비스로 만들되 정치 영역의 조건에 들어맞는 방식을 맹목적으로 따르기보다는 산업에 적합한 방식으로 추진하는 것이다. 산업과 정치는 매우 중대한 차이가 있어서 민주적 통제의 형태도 달라야 하는 법이다. 이런 차이 중 가장 중요한 것은 정치에서 민주적 통제의 필요성이 가장 큰 쟁점은 가장 일반적 성격이 강한 쟁점이라는 사실이다. 시민이 공민으로서 수행하는 가장 중요한 임무는 의회를 선출해서 다수파 정부를 구성하게 만드는 것이다. 지방정부도 중요하기는 하지만 우리나라의 의회제 아래서는 지방정부가 중앙정부에 비해 부차적이니 중앙정부야말로 법안 제정과 행정 업무의 핵심 원천이다. 반면 산업에서는 전국적 쟁점이 중요하기는 해도 노동자에게 중요한 사안 대다수가 그가 고용된 특정 기구 안에서 전개된다. 따라서 통제에 참여하는 것이 가장 중요한 의미를 지니는 영역이 개별 작업장이고, 여기에서 경영이 어떤 기조에 따라 실행되느냐에 따라 정의와 만족을 느끼거나, 아니면 불의와 불행을 느끼게 된다. 말하자면 정치에서 가장 중요한 통제가 중앙에서 수행되는 데 반해 산업민주주의에 다가가려는 진지한 노력은 무엇보다 개별 작업장의 소규모 문제들과 관련되며, 종업원의 인간관계가 구축되는 현장 작업 집단들과 관련된다. 산업에 대한 보다 넓은 범위의 민주적 통제는 지역 단위 사업장 혹은 작업장 통제의 토대 위에서만 구축될 수 있다. 그리고 이를 향한 첫걸음은 노동자를 단순한 피고용인이 아니라 그가 일상적으로 작업을 수행하는 기업 내부의 협업자로 분명히 인정하는 것이다.

제3장
협업관계

한 세대 전, 길드사회주의 운동 시절에 길드사회주의자들의 가장 떠들썩한 요구 중 하나는 '임금제도 철폐'였다. 그 시절에 우리는 공허한 요구를 제기한다고 비난받곤 했다. 노동자가 어떤 식으로든 노동의 대가를 지불받아야 한다면 그 급여를 '임금'이라 부르건, 아니면 다른 이름으로 부르건 무슨 차이가 있겠느냐는 게 우리가 받은 물음이었다. 우리의 답은 단지 이름이 중요하다는 것만은 아니었다. 우리는 '임금'이라는 단어에 열등한 지위라는 함의가 있다고 답했다. 하지만 이는 답변의 일부일 뿐이었다. 노동자를 소속 기업 안의 대등한 협력자가 아니라 고용주가 생산과정에서 사용하는 **물건들**과 같은 등급인 고용된 일손으로만 여긴다는 함의가 우리가 임금노동자-지위에 반대한 또 다른 이유이자 더욱 근본적인 이유였다. 달리 말하면 임금제도 아래서 노동은 연료나 원자재와 마찬가지로 사고파는 상품으로 다뤄진다. 이에 우리는 어떤 인간도 이런 종류의 거래에 종속돼선 안 된다고 주장했다. 노동자는 상품이 아니라 자유로울 권리와 시민권을 지닌 인간이라는 게 우리의 주장이었다. 그리고 이런 권리는 정치뿐만 아니라 산업 내의 지위로도 확대돼야 하는 것이었다.

노동자의 경제적 지위와 집단적 힘이 향상됐음에도 이런 상황은 여전하다. 산업 영역에서 노동자는 여전히 작업 공동체의 한 시민으로서 지위를 인정받지 못한다. 그는 여전히 일개 고용된 일손일 뿐이며, 자신을 고용한 기업 안에서 협업자 지위를 허락받지 못한다. 이 대목에서 나는 이 협업자 지위라는 말로 뜻하고자 하는 바를 분명히 해야만 하겠다. 전체 피고용 대중의 입장에서 나는 대체로 주당 실 노동시간에 따라 임금을 지급받으며 언제든 어떤 잘못도 없이 단지 해당 기업이 더는 그들의 근무를 필요로 하지 않는다는 이유만으로 해고당할 수 있는 처지에 놓인 단순한 임금소득자의 당면한 열등한 지위를 대체할 대안을 요구하고 있는 것이다.

내가 말하는 **협업관계**(partnership)란 노동자가 해고당하기에 충분한 잘못을 스스로 저지른 경우가 아니라면 해고당할 위험이 없는 기업 내 지위를 뜻한다. 비록 해고될지라도 노동자는 곧바로 그의 노동을 적절히 활용할 다른 기업의 협업관계로 이전돼야 하며, 그런 즉각적인 이전이 불가능한 경우에는 적절한 이전이 결정될 때까지 직전 소속 기업으로부터 생계를 보장받아야 하고 새로운 일자리를 준비하는 데 필요한 훈련도 받아야만 한다. 이런 협업관계를 실현할 수 있는지는 일자리 총량이 늘 원하는 만큼 충분히 존재하는지에 달려 있다. 즉 권력을 쥔 정부가 완전고용을 유지할 책임을 받아들여야 한다. 왜냐하면 일자리가 충분해야만 일할 수 있는 모든 노동자에게 일자리가 돌아가도록 보장할 수 있을 것이기 때문이다. 그렇다고 지금 당장 실현하기에는 너무 황당한 요구라는 이야기는 아니다. 오늘날은 완전고용 유지에 사용할 수 있는 방법들이 널리 알려져 있으며, 정부가 이 목적을 위해 필요한 조치는 무엇이든 취할 의무가 있음 또한 널리 인정받고 있다. 게다가 누가 뭐래도 여전히 더 많은 재화와 서비스가 절실히 필요한 상황에서 일할 수 있는 모든 인력을 고용하기에 충분한 일자리 총량을 공급하는 데 어려움이 있어서는 안 된다. 실제로 이 나라에서는 가장 형편없는 솜씨로 경제를 운영하는 경우에조차 어찌 됐든 일자리 부족보다는 노동자 부족이 훨씬 더 심각한 문제다. 아무튼 완전고용-그 실제 의미는 일자리를 찾는 노동자보다 노동자를 찾는 일자리가 더 많은 상태다-은 내가 이 책에서 주장하는 노동자 지위 변화의 필수 전제 조건이다.

그렇다고 노동자가 자신의 현직을 무한정 지속할 권리를 지닐 수 있다거나 그래야만 한다고 주장하는 게 아님을 유념하길 바란다. 이런 주장은 바람직하지 않을 뿐만 아니라 불가능하다. 특정 기관이나 산업에 필요한 노동자는 절대량의 측면에서든 필요한 기능이나 역량의 측면에서든 시시각각 변화하기 마련이다. 이미 고용돼 일하고 있는 이들의 일자리를 줄이지 않고서 신규 입사자 수만 조정해서는 이러한 변화에 대응할 수 없다. 제품의 수요가 감소하거나 생산방식이 더욱 고도로 기계화하는 경우에는 어떤 산업 혹은 기업이든 노동력을 줄여서 고용 인원을 수요에 맞출 수밖에 없을 것이다. 심지어는 총 노동자 수가 변화하지 않더라도 생산방식 변화 때문에 단순히 현재의 노동자들을 다시 배치하는 것만으로는 노동력을 필요한 만큼 충분히 재배열하지 못하는 경우도 있다. 간단히 말하면 노동이 일자리를 적절히 옮기지 못하게 가로막아선 안 되며, 완전고용 아래서는 더욱 그렇다. 왜냐하면 다른 일자리에서 방출된 노동자를 끌어 모을 수 없다면, 더구나 생애 최초로 일을 시작하는 청년 노동자의 공급이 제한돼 있다면, 확장 중이어서 더 많은 노동자가 추가로 필요한 기업이 노동자를 충분히 확보할 수 없기 때문이다. 산업에서 협업 관계라는 구조를 수립하려면 이러한 이동 필요성과 조화를 이뤄야만 한다. 완전고용이 전제된다면 이것이 실현되지 못할 이유는 전혀 없다.

노동자에게 보장될 수 있는 것은 특정 일자리나 기업의 영구고용 – 이는 특정 직종의 '정규직' 노동자(예컨대 공무원이나 철도 노동자)에서 이미 드러났듯이 제한된 수의 노동자에게만 보장될 수 있다 – 이 아니라 스스로의 잘못만 아니라면 생산-협업자 지위를 결코 잃지 않는다는 약속이다. 이렇게 되면 현재의 일자리에서 '유휴'인력이라 판정된 노동자는 우선은 동일 업종 안에서 능률적으로 업무를 수행하기에 적절한 능력을 이미 갖추었거나 갖출 수 있는 다른 일자리에 지원할 기회를 제공받을 수 있으며, 새 일자리를 준비하는 데 필요한 훈련을 보장받을 수 있다. 다음으로 동일 업종에서 구할 수 있는 그런 대체 일자리가 없는 경우에는 동일 직종에서든, 아니면 동일 직종을 구하는 게 불가능하거나 노동자 자신이 직업 변화를 선호해 획득한 새로운 기능—이를 위해 노동자는 당연히 이에 필요한 어떤 특별 훈련이든 받아야만 한다—을 통해서든 다른 기업에 생산-협업자로 받아들여지는 결정이 이뤄지기 전까지 직전 소속 기업의 종업원 지위를 유지할 수 있다. 일자리를 옮기는 노동자가 받아야 하는 이런 훈련은 일체 무상이어야 한다. 그리고 해당 노동자는 새로운 협업자 지위를 구할 수 있게 될 때까지 기다리거나 훈련 받는 동안 직전 소속 기업으로부터 이전 직무의 표준 급여에서 초과근무 수당을 제외한 액수나, 아니면 소속 노동조합이 합의한 다른 기준에 따라 계속 급여를 받아야 한다. 이 대목에서 표준 급여보다 훨씬 많은 액수를 성과급으로 받았던 노동자의 경우에 특별한 문제가 발생한다. 이런 노동자에게 훈련을 포함해 새로운 협업자 일자리를 기다리는 기간 내내 이전과 동일한 소득을 계속 보장하는 것은 바람직하지 않을 수 있다. 왜냐하면 새로 얻을 일자리가 옛 일자리와 동일한 소득을 제공한다고 보장할 수 없다는 것은 명백하기 때문이다. 이 경우에 노동자는 새로운 협업관계에서 단체 협상과 현행 관행을 통해 제공될 표준 급여와 소득수준이 어떠하든 이를 받아들여야 할 것이다. 게다가 새 일자리가 직전 일자리보다 더 마음에 드는 경우도 있겠지만, 마음에 들지 않는 경우도 있을 수밖에 없다. 한 협업관계에서 떠났지만 아직 다른 협업관계를 찾지 못한 노동자는 몇 주 동안은 이전 일자리에서 확보했던 소득(초과근무 수당은 제외)의 평균만큼을 받고 그 후에는 표준 급여를 받되 몇 주간 단계적으로 감액되는 과도기를 거치는 것이 적절하다.

협업관계 개념에는 한 협업관계에서 떠나 다른 협업관계로 진입하는 휴지기에 이렇게 소득을 보장하는 것뿐만 아니라 노동자가 '유휴'인력이라 판정된 사실을 적절히 공지 받아야 한다는 것, 혹시 해고 사유에 불만이 있거나 노동조합 활동 같은 특별한 이유 때문에 해고자로 찍혔다고 믿을 경우에는 소속 노동조합에 사정을 호소할 기회를 가져야 한다는 것 또한 포함된다. 유휴인력에 따른 해고 절차가 추진될 경우에는 감원 목표가 오래전에 공지돼야 할 뿐만 아니라 경영진과 관련 노동조합이 해고 추진 조건과 해고 노동자의 고용 이전에 대해 협상해야 한다는 것이 늘 일반적인 원칙이어야만 한다.

또한 잘못을 저질렀다는 혐의가 있다 하더라도 동료 배심원단, 즉 동료 노동자들에게 항소할 권리를 허용하지 않은 채 노동자에게 해고를 강요해서도 안 된다. 하지만 경영진이 보기에 현직무를 계속 맡기에 전혀 어울리지 않는 노동자의 경우라면 이런 배심원단의 승인이 없이도 해당 노동자를 직위에서 쫓아낼 권한을 경영진에게 허락하지 않기 쉽지 않을 것이다. 이런 경우에 노동자 배심원단이 사측에 맞서 노동자의 손을 들어준다면 경영진은 해당 노동자를 동일 작업 혹은 서비스 내의 다른, 하지만 급여 수준은 떨어지지 않는 직책으로 옮길 권한이 있다. 하지만 이 권한은 정당한 노동조합 관행에 따른 활동을 빌미로 노동자를 제거하려는 목적에 남용되지 않도록 하는 특별 안전장치를 통해 제약돼야 한다. 노동자 배심원단의 승인에 따른 경우에 한해서만 사측은 직무 부적합이나 규율 위반을 이유로 노동자를 새로운 협업관계로 이전할 책임 없이 해고할 권한을 갖는다. 이런 절차에 따라 해고된 노동자의 경우는 직업안정국(Employment Exchange)[6]의 직업 알선 서비스의 도움을 받으면서 자력으로 새 일자리를 찾아 협업자 지위를 회복해야 할 것이다.

내가 보기에 이런 제도 설계는 변화하는 산업상의 요구에 발맞춰 노동자가 일자리를 옮기는 이동성을 충분히 유지하는 데 필요한 조건을 훼손하지 않으면서도 노동자에게 산업상의 실질적

---

6 [역주] 영국 노동부 산하 지역별 서비스 센터. 한국의 고용복지센터에 해당한다. 현재는 'Jobcentre Plus'라 불린다.

인 협업자 지위를 부여하기 위해 필요한 최소 조치다. 이는 사회적 평등이라는 민주적 원칙을 추구하는 사회에 적합하게 급진적으로 변화된 노동자 인권 개념을 구체화할 **노동 헌장**의 기초를 이룬다. 이러한 헌장을 채택하는 과정에서 당연히 동일 산업에서든 서로 다른 산업에서든 기업들은 노동자에게 협업자 지위를 부여하고 이를 받아들이는 것, 새 일자리를 위한 재훈련에 필요한 설비를 제공하는 것, 노동자 이전 비용을 관련 기업들이 공동 부담하는 것에 대해 상호 협정을 맺을 것이다. 물론 이러한 급진적인 지위 변화의 수용은 관련 당사자들이 상세한 토론을 통해 해결해야 할 여러 문제를 야기할 것이다. 그리고 나는 이 책의 뒷부분에서 이런 문제들 중 상당수를 다뤄보려 한다. 하지만 원칙을 수용할 경우에 쉽게 해결될 수 없는 문제나 관련 기업에 과도한 짐을 지울 문제는 없다는 것이 나의 견해다.

하지만 여기에서는 일단 이런 특별한 문제와 어려움보다는 아마도 독자의 머리에 이미 떠올랐을 보다 일반적인 문제를 다루고자 한다. 그것은 태어나서 처음으로 취업한 청년 노동자나, 어떤 이유로 협업자 지위를 상실했거나 이런 지위를 얻는 데 실패해 위에 논의한 조건 아래 이곳에서 저곳으로 협업관계를 이전하는 것이 아니라 어떤 조건이 됐든 고용주를 찾아내 협업자 지위를 얻기만을 바라는 신참자로서 취업 전선에 나선 좀 더 나이 든 노동자의 경우에 협업자 지위 확보에 필요한 조건의 문제다.

고등학교나 대학을 나와서 생애 처음으로 일자리를 찾는 젊은이의 흔한 사례부터 이야기해보자. 현재 이런 이들은 적당한 일자리를 찾는 과정에서 부모, 교사 그리고 청년 직업소개소(Juvenile Employment Service)[7]로부터 도움을 받는다. 이들 중 일부-극소수-는 숙련 기술을 습득한다는 전망 아래 견습공으로서 일을 시작하며 수년 동안 이 기능을 통해 일자리를 보장받는데, 이 기간은 들쭉날쭉하지만 오늘날 대개는 5년이고 이 기간이 끝나고 나면 기능공 자격을 갖추거나, 아니면 몇 년 더 근무한 다음에 완전한 기능공 지위를 획득하게 되는 '상급 견습공(improvers)'이 되기도 한다. 하지만 이런 형태의 견습공 제도가 존재하는 직종은 몇 안 된다. 게다가 이런 제도가 존재하는 직종에서도 현재는 정식 계약서가 아니라 구두 합의를 통해 시행하는 경우가 다반사다. 신규 취업자 중 또 다른 대오는 온전한 견습공 제도의 조건과 책무 아래서가 아니라 보다 느슨한 합의에 따라 '실습생'으로서 일을 시작하는데, 제대로 된 견습공 제도가 수반하는 것보다는 대개 더 열악한 상황에서 숙련공 자격을 취득할 기회를 얻는다. 하지만 신규 취업자의 다수는 견습공도 아니고 '실습생'이라 규정된 지위도 아니라 그저 나이 어린 노동자로

---

7 [역주] 영국에서 상급학교에 진학하지 않은 10대 청소년들에게 일자리나 직업훈련을 알선하던 노동부 산하 기관. 1970년대에 다른 기관에 통폐합됐다.

일을 시작한다. 이 경우에 사측은 숙련 훈련을 제공할 의무가 정해져 있지 않지만 간혹－여전히 극소수의 경우－ 추가 교육을 위해 작업 시간을 일부 면제해주는데, 교육 내용은 대체로 기술적이거나 현 직무의 필수 요건과 관련된 것이지만 어느 정도는 일반적 성격을 띠기도 한다. 이러한 작업 시간 일부 면제 제도는 요 몇 년 새 몇몇 직종에서 급속히 발전했지만, 다른 많은 직종에서는 여전히 찾아보기 힘들다. 이 제도를 가능한 한 신속히 확대해 학교를 마쳤거나 졸업 최저 연령에 가까워진 이들 모두에게 보편적으로 적용되게 만들어야 한다.

새로운 협업관계 개념이 노동자의 의식에 온전히 뿌리내리려면, 일을 처음 시작하는 젊은 노동자가 자신에게도 이 개념이 적용되며 일터에서 이미 환영받는 동료의 지위를 부여받았음을 느껴야 한다는 점이 대단히 중요하다. 따라서 처음부터 신참자는 일정 기간 뒤에 완전한 협업자의 권리를 획득하기로 예정된 하급 협업자로 인정받아야 한다. 사실상 몇 년 동안 고용이 보장된 상태에 놓이게 된 모든 견습공에 이 규정이 적용돼야 한다. 이 경우에 필요한 것은 단지 어떤 이유에서든 처음 시작했던 기업에서 견습 기간을 수료할 수 없게 된－예컨대 회사가 영업을 중단하거나 상황 변화로 견습공에게 맡은 바 책무를 제대로 이행하지 못할 경우－ 견습공에 대해서는 노동 조건 준수가 충분히 보장되는 조건 아래 남은 견습 기간을 채우도록 다른 회사로 이전하는 제도를 법규로 정한다는 보장뿐이다. 또한 '실습생 제도' 역시 조건을 강화해 이와 비슷한 보장을 제공해야 한다. 견습공이나 실습생이 수습 기간을 마치면 자동으로 완전한 협업자 지위를 획득해야만 하며, 이에 따라 협업자 지위에 있는 성인 노동자에 적용되는 것과 동일한 조건 아래서가 아니라면 해고될 수 없게 돼야 한다. 말하자면 그는 수습 기간 중에 근무한 기업의 정규 성인 사원이 되거나, 아니면 다른 기업으로 이전해 완전한 협업자 지위를 확보해야 한다. 혹은 최종 정착 전까지 보다 다양한 경험을 쌓는 '편력'기를 거치고 싶어 한다면 어느 기업에서든 협업자로 채용되도록 구직에 나서기 전까지는 노동자 자신이 원할 경우에 과거 견습공이나 실습생으로 근무했던 기업에 소속된 형식적 협업자 지위를 유지해야 한다.

이런 제도의 한 가지 이점은 기업이 제대로 된 훈련을 제공하려는 게 아니라 값싼 노동 자원으로 악용하려고 과도한 수의 청년을 견습공이나 실습생으로 받아들이는 것을 방지한다는 점이다. 청년 노동자의 상대적 부족 때문에 이 위험은 과거만큼 심각하지는 않을 테지만 그래도 여전히 존재하며, 따라서 방지책이 필요하다. 고용주뿐만 아니라 노동자도 견습공 제도에 따른 책무를 매우 심각하게 받아들여야 하는데, 이는 노동자의 사기에 미치는 영향 때문이기도 하지만, 특히 일부 핵심 직종에서 이 제도가 과거 어느 때보다 더 영국 산업의 질을 좌우하게 된 믿음직한 숙련 기능공을 꾸준히 공급하는 불가결한 수단이 되고 있기 때문이기도 하다. 왜냐하면 대량생산의 성장으로 솜씨 좋은 기계 작동자 중 고숙련 노동자의 비중이 줄어들기는 했지만 작업에 계속 필요한 숙련 수준은 그 어느 때보다 높아졌고, 더 많은 제조업과 서비스가 고도로 복잡한 생산 기기에 바탕을 둔 자동화를 향해 나아갈수록 이 경향은 더욱 강화되는 것으로 보이기 때문이다.

상당 시간이 소요되는 견습공 혹은 실습생 단계를 필요로 하는 숙련 직종 훈련을 보장받지 못한 채 일을 시작한 청년의 경우는 확실히 협업자 지위를 부여하기가 더 어렵다. 이들 중 다수는 정규 일자리에 정착하기 전까지 이 회사에서 저 회사로, 이 직종에서 저 직종으로 엄청나게 옮겨 다닐 것이다. 지금껏 그래왔듯이 말이다. 청년 노동자가 최초의 선택에 만족하지 못할 경우에 직업을 바꿀 수 있도록 이런 이동 기회를 허용하는 게 분명히 바람직하다. 그러나 명심해야 할 것은 우리 시대에는 졸업 연령이 올라가고 지역사회 대학(County College)[8]과 여타 수단을 통해 청소년기의 비상시 교육이 확대된 데다 청년 가운데 학교에 남는 이들의 비중이 높아지면서 청년 노동자의 공급이 더욱 제한되는 반

8 [역주] 중등교육을 마친 청소년(대개 16세)이나 성인을 대상으로 한 영국의 2년제 교육기관. 생업이 있는 학생을 위해 전일제가 아니라 정시제로 운영된다. 미국의 지역사회 대학과 유사하다.

면 청년 각자가 획득하고 인정받을 가치는 높아질 것이라는 사실
이다. 신참자 각자에게 능력 개발 기회를 극대화한다는 것은 경
제적 기준뿐만 아니라 인간적 기준에서도 점점 더 중요해질 것이
다. 그리고 이런 변화 때문에 견습공 제도를 더 광범한 영역으로
확대하는 것, 그리고 가치 있는 기능을 획득할 기회가 거의 없거
나 아예 없는 사양 직종으로 빠지지 않게 막는 것이 이미 바람직
한 과제가 되고 있다. 때가 되면 모든 젊은 노동자는 견습공과 유
사한 지위로 일을 시작해야 하며, 더불어 향후 근속 기간 중에
완전한 협업관계를 맺을 것임을 보장받되 처음에 회사를 잘못 선
택한 경우에는 이를 정정할 수 있도록 적절한 이동 기회를 제공
받아야 한다. 청년 노동자가 일을 처음 시작하는 그 순간부터 작
업 공동체에 소속감을 지녀야 하며 적정 연령이 되면 완전한 참
여를 보장받아야 한다는 것은 협업관계 개념의 핵심 부분 중 하
나다. 굳이 훈련 기간을 더 주지 않더라도 한 개인이 수행할 수
있는 노동의 최고 수준에 도달했다고 생각되는 경우에는 견습 기
간 대신 일반 교육이나 다양한 형태의 지식 획득 기회를 제공해
해당 젊은이가 여가를 좀 더 보람되게 활용하고 삶의 상황에 더
잘 적응하도록 도울 것이다.

청년 노동자가 공식 견습 기간이나 이와 유사한 과정을 이수하
지 않은 경우에는 그/그녀가 고용된 기업에서 완전한 협업자 지
위를 획득하기 전까지 반드시 수습 기간을 거치게 하는 것이 합

당하다 생각한다. 이런 경우는 특정 기업에서 1년의 수습 기간을 거친 뒤에야 온전한 협업자 지위를 부여해야 한다는 것이 나의 잠정적 제안이다. 하지만 이는 통상적으로 성인이 돼 얻은 첫 번째 일자리에만 적용돼야 하며, 견습공이나 실습생 기간을 완전히 이수한 이들에게는 적용돼선 안 된다. 후자는 이수 후 즉시 완전한 협업자 지위를 부여받아야 한다. 또한 협업관계를 한 회사에서 다른 회사로 이전한 성인도 마찬가지다. 통상적으로는 새 일자리를 얻기 위해 수습 기간을 다시 가질 필요는 없다. 노동자가 자발적으로 퇴직하거나 스스로의 잘못 때문이든, 아니면 다른 이유로든 해고된 경우에만 완전한 협업자 지위를 획득하기 전에 수습 기간을 가질 필요가 있을 것이다. 이런 경우는 새 일자리에서 1년 동안 수습 기간을 가지는 것이 필수 조건이 될 수 있다.

물론 노동자는 협업자가 됐든 그렇지 못하든 그가 원하는 경우에 자유롭게 일자리를 옮겨야 한다. 그러나 자발적인 퇴직의 경우는 무한정 게으름을 부리거나 다른 일자리를 마음대로 선택해 이전할 수 있게 해달라고 요구할 수는 없다. 그는 수습 기간의 유무와 상관없이 자신을 협업자로 받아줄 준비가 돼 있는 다른 기업을 직접 찾아 나서야 한다. 만약 마음에 드는 기업을 찾지 못한다면 직업안정국이 제시하는 일자리를 받아들여야만 한다. 이는 보기보다 그렇게 가혹한 조건은 아니다. 왜냐하면 그가 정착할 일자리가 무엇이든 1년 안에 새로운 협업관계를 획득할 테고,

새로운 종류의 일을 위해 훈련받길 바라고 그 일이 추가 노동력을 필요로 하는 경우에는 당연히 이런 훈련에 필요한 설비가 제공될 것이기 때문이다. 노동자의 이직이 쉬워지게 만드는 것이 무척 바람직한 이유는, 첫째 노동자가 처음 선택할 때 잘못을 저지를 수 있기 때문이고, 둘째 위에서 본 대로 민주적 협업관계에 불가결한 안전보장을 노동 이동성의 용이함과 결합하는 것이 유익하기 때문이다. 협업자 지위의 목적은 노동자를 일자리에 묶어두는 게 아니라 스스로 잘못을 저지르지 않은 한은 임의로 쫓겨나지 못하도록 보장하는 것이다.

만약 노동자가 스스로의 잘못으로 해고된다면 특별한 고려가 필요하다. 우선 직무 수행이 불만족스럽거나 여타 위반 행위로 해고 위협을 받는 노동자는 이 사안을 충분히 불편부당하게 판정할 것으로 기대를 걸 만한 모종의 심판 기관에 항소할 권리를 반드시 가져야 한다. 만일 이 심판 기관이 이 노동자의 해고를 확정한다면 그는 다른 기업에 협업자로 받아들여지기가 당연히 더 어려울 수 있다는 점만 제외하면 자의로 이직한 경우와 동일한 처지에 놓이게 될 것이며, 새 직장에서 아마도 새롭게 수습 기간을 거치도록 요구받을 것이다. 본인의 잘못으로 해고를 반복적으로 겪은 노동자는 이 때문에 상당 기간 동안 완전한 협업자 지위를 회복하지 못하기 쉽다. 그러나 내가 이 연구 전반에 걸쳐 가정하는 완전고용 상태에서는 이런 사례는 상대적으로 희소할 가능성이 높다. 불공정한 해고에 맞선 항소 제도 덕분에 공정한 처우가 만족스럽게 보장되기만 한다면, 이렇게 협업관계의 권리가 제한되는 것을 너무 비극적으로 받아들일 필요는 없다. 이 제도가 제 역할을 하게 만들려면 되도록 노동조합의 지명을 통해 해당 노동자의 동료들을 강력히 대표하는 심판 기관이 판결을 내리게 해야만 한다.

제4장
노사 협업관계의 함의

이 연구에서 제시하는 협업관계 개념은 '산업민주주의' 사상 전체의 근본이고, 실로 민주적 경제구조의 불가결한 토대를 이룬다. 이는 민주 사회에서 노동 과정의 실제 조직 및 실행과 관련해 엄청난 중요성을 지닌다. 오로지 임금을 통해서만 산업과 관계 맺는 단순한 일손이 아닌 협업자 지위를 인정받게 되면 곧바로 노동자는 소속 기업이 이윤 측면이 아니라 소비 대중에게 좋은 서비스를 제공함으로써 생활수준 전반의 향상에 기여한다는 측면에서 성공을 거두도록 최선을 다할 책임을 지니게 된다. 이런 책임을 떠맡음으로써 그는 이 결실을 거두기 위해 필요한 조건을 결정하는 과정에서 목소리를 낼 권리도 함께 갖게 된다. 그의 권리란 실로 타인에게 끼치는 영향과 상관없이 자기만의 이익을 강요할 권리가 아니다. 예컨대 터무니없는 가격을 통해 소비자를 착취하기 위해 독점 기업과 공모할 권리 따위는 없다. 비록 노동자의 독특한 기능을 대체해버릴 위험이 있다 하더라도 기존 작업 관행에 반한다는 이유로 보다 효율적인 생산방식의 도입을 가로막을 - 한 명의 평범한 인간으로서는 이익이 심하게 침해받을 경우 실은 이렇게 행동하기 마련이지만 - 권리 또한 없다. 하지만 노동자에게는 혁신이 바람직한지 아닌지 혹은 혁신이 수반하는 고통을 최소화하려면 어떤 형태를 취해야 하는지 결정하는 과정에서 충분히 고려해야 할 요소로서 자신에게 닥친 고통에 주의를 환기시킬 권리가 분명히 있다. 게다가 그는 변화 때문에 '유휴 인력'이 될지라도 다른 대안의 제시 없이 일자리와 소득을 그냥 빼앗기는 일은 없을 것임을 확실히 보장받을 것이다. 노동자는 그간 근무해온 특정 기업만이 아니라 산업 전반의 측면에서 협업자이며, 따라서 그에게 괜찮은 소득과 사회에 계속 봉사할 수단을 제공할 대안을 마련해주는 일은 노사 모두의 공동 책무다.

노동자의 지위가 이렇게 변화함으로써 특히 감독직과 관리직으로 누구를 승진시킬지 선택하는 문제와 작업장 규율 같은 문제와 관련해 작업장 내 작업 관계의 구조 전반을 재고할 필요가 생길 것이다. 현 상황에서 고용주는 작업장 규율을, 평범한 노동자가 간섭할 권리가 전혀 없는 순전한 '경영상의' 문제로 다루곤 한다. 고용주는 작업 규칙을 제정하고, 이를 노동자에게 강요한다. 심지어는 노사 공동 협의 기구가 이런 사안을 논의하도록 돼 있는 경우에도 결정은 여전히 노동자가 아니라 고용주의 몫이다. 마찬가지로 대다수 일자리에서 경영진은 감독직 혹은 관리직 임명의 배타적 권한을 주장하며, 이 문제에 관한 협의조차 거의 받아들이지 않는다. 소수 기업-특히 우체국-에서 최근 신중하게 제한된 형태의 협의가 허용되기는 했지만 말이다. 이에 따라 현재 각 작업장과 부서 안에서 현장 노동자는 고위 관리자가 임명하며 '간부'로 분류되는 작업반장과 감독의 직접 명령 아래서 작업한다. 간부가 되면 대개 과거 자신이 속했던 노동조합에서 탈퇴해야 하며, 조합원 지위를 유지할 수 있게 허용하는 경우에도 노동조합 활동에 적극 참여하는 것은 금지된다. 몇몇 직종에서는 반장 외에도 좀 더 작은 작업집단을 이끄는 조장, 팀장 혹은 십장으로 선발된 이들이 있지만, 이들 역시 그 지도를 받아야 하는 노동자에 의해 선출되지 않고 위로부터 임명되는 게 보통이다. 잘 알려져 있는 인쇄 산업의 '인쇄공 조합장(father of the chapel)'[9] 같은 예외적인 경우에만 작업집단의 대표가 구성원에게 작업을 할당하는 등의 활동에서 상당한 권위를 행사하는 직위에 있다. 업무 조절과 규율은 '관리자'의 몫이며 철저히 노동조합이나 직접 관련된 노동자의 권한 바깥에 있다는 것이 일반적 규칙이다.

이 모든 '상급' 피고용자는 -적어도 내가 지금 언급하려는 이

9 [역주] 영국의 출판 및 언론 노동조합에서 직장위원을 부르는 독특한 명칭(여성의 경우는 'mother of the chapel'). '예배당(chapel)'이라는 말이 붙은 것은 중세 영국에서 인쇄업을 교회가 통제했기 때문이며, 최초의 인쇄공 노동조합이 비국교회 신자들을 중심으로 만들어진 사정과도 관련된다.

들은 모두- 비록 그중 다수가 일정한 특별 기술 자격 혹은 역량
을 지닐 필요가 있다 하더라도 기본적으로는 작업집단 내 남성과
여성의 감독자이지 사물의 관리자는 아니다. 왜냐하면 지금 내
논의 대상에는 대체로 감독 업무에는 개입하지 않는 연구 노동
자나 기술자 혹은 행정 요원은 포함되지 않기 때문이다. 내가 염
두에 둔 인사는 비록 일정한 기술 자격 요건이 있는 경우라 할지
라도 주로 사람을 관리하는 데 능해야 한다. 현장 노동자를 그저
일손으로 여기는 한 누가 이런 종류의 직위를 채울지 정하는 데
아무런 목소리도 내지 못하는 것은 당연하다. 단순한 임금-소득
자가 할 일이란 오직 복종하는 것일 테니 말이다. 하지만 모든 노
동자가 협업자 지위를 인정받게 되면 상황이 전반적으로 뒤바뀐
다. 현장 노동자는 기업 내 협업자로서 누구의 명령과 감독 아래
일상 작업을 수행할지 결정할 권리를 나눠 가져야 한다. 내 생각
에는 통상적으로 반장과 감독 노동자는 그 감독을 받아야 할 집
단에 의해 해당 직위에 선출돼야 하며, 일정한 안전장치를 전제
로 그들을 선출한 이들에 의해 해임될 수 있어야 한다. 가장 우
선적으로 중요한 인간적 자질 외에도 특별한 기술 혹은 교육상
의 자격을 갖출 필요가 있는 경우에는 노동자들의 선택지가 해
당 자격을 지닌 후보들로 충분히 한정될 수 있다. 이런 자격은 산
업대학(Technical College)[10]이나 유사 기관에서 획득해야 하겠지만,
산업 혹은 기업이 자체 기술 훈련 프로그램을 보유한 경우는 예

외이며, 이 경우에는 노동자와 노동조합이 통제 권한을 상당 부분 나눠 가져야 할 것이다. 어떤 경우에도 감독 노동자는 그 지휘 아래 일해야 하는 사람들의 투표나 동의 없이 직위에 올라서는 안 된다. 하지만 일단 선출되고 난 뒤에는 심각한 잘못을 저지르지 않았음에도 인기를 잃어서 독단적이거나 변덕스러운 면직의 대상이 되지 않도록 임기를 보장받아야 하며, 재선에 실패한 감독은 선거 이후에도 상당 기간 동안 지위를 유지하면서 다른 작업집단의 선거에 후보로 나서거나 그를 받아들일 준비가 된 다른 기관으로 이전할 기회를 제공받아야 한다.

작업집단에 의한 감독 선출은 작업집단을 외부에서 강요된 규율이 아니라 자체 지도자의 지휘 아래 작업하는 팀으로 전환시킴으로써 작업집단 자체의 성격에 심대한 영향을 끼칠 것이다. 이런 변화 덕분에 기관 전체와 작업집단의 관계에 또 다른 중대한 변화가 나타날 수 있다. 집단을 이뤄 서로 협력하면서 명확히 규정된 업무를 수행하는 경우에는 대체로 각 노동자에게 개별적으로 급여를 지급하는 대신 해당 작업에 대해 작업집단별로 집단계약을 맺는 것이 경영진 입장에서 바람직하다. 이 경우에는 작업집단이 스스로 구성원에게 업무를 할당하며 자체 편의에 맞

---

10 [역주] 산업기술 교육에 집중하는 대학. 현재는 '폴리테크닉(Polytechnics)'이라 한다. 이를 모방한 것이 한국의 고용노동부 산하 한국폴리텍대학이다.

취 작업 조건을 조정한다. 또한 급여는 총액으로 지불해 구성원이 나눠 가지되, 각 성원은 최소한 노동조합이 맺은 단체협약에 규정된 표준 급여만큼은 받아야 하며 초과분 역시 이런 협약의 규정－예를 들면 성과급 노동자는 표준 시급에 더해 최소 추가 급여를 일정하게 보장받는다는 조항－을 받는다는 조건을 따라야 한다. 그런 다음 작업집단은 남은 금액을 어떻게 나눌지－균분할지, 아니면 각 성원의 표준 급여에 비례해 나눌지 등등－ 논의할 테지만, 이 역시 항상 노동조합이 맺은 단체협약에 규정된 최소 기준을 준수해야 한다. 내가 염두에 둔 것과 유사한 '협동 성과급 노동' 유형이 일부 이미 존재하며, 이 유형에 꽤 근접한 다른 형태의 집단 성과급 노동도 있다. 이런 작업 방식의 결과로 작업집단 성원들은 상호 지원과 통제 아래 공동의 사업에 힘을 모을 것이며, 작업 수행 방식 측면에서 외부로부터의 강제 규율에서 해방될 것이다.

프랑스의 명망가 이아생트 뒤브레유(Hyacinthe Dubreuil)[11] 씨는 오랫동안 '집단 노동 계약'이라는 이름 아래 이런 종류의 제도를 주창해왔고, 이는 다수의 프랑스 공장에 채택됐다. 그 최대 이점은 작업집단이 작업장 규율과 직접 감독 업무를 완전히 인계 받

---

11 [역주] 1883-1971. 프랑스의 노동운동가. 노동총동맹(CGT)에서 활동하면서 테일러주의 경영전략에 대응하는 노동운동 전략을 제안했다.

을 수 있게 됨으로써 이런 업무가 고위 관리자만의 관심사에 머물지 않게 됨과 동시에 높은 성과에 대해 각 노동자가 충분히 반길 만큼 직접적인 금전적 유인을 제공함으로써 작업집단의 성공에 대한 개인의 책임감을 고양시켰다는 것이다. 작업집단이 너무 큰 규모로 만들어지면 이런 효과가 일정하게 사라질 것이다. 가능하다면 개인이 더 이상 자신의 기여가 중요하다고 느끼지 못할 정도로 작업집단을 대형화하기보다는 같은 형태의 작업집단을 여럿 만들어서 선두 주자들을 모방하려는 태도를 고조시키는 것이 바람직하다. 물론 기관 전체의 규율을 다스리는 광범한 일반 규칙이 여전히 필요하다는 것은 의심할 바 없다. 그리고 이는 고위 관리자와 노동자 대표－예를 들면 직장위원들의 위원회－의 협상과 합의로 제정돼야 한다. 그러나 규율은 대체로 노동자에게 강요된 짐이 아니라 노동자의 집단적 자기규율의 문제가 될 것이다. 그리고 고위 관리자는 이런 성가신 문제에 넋을 빼앗기는 것에서 풀려나 더 커다란, 그러면서 주로 기술적 성격을 지니는 계획 및 조직 업무에 자유로이 몰두하게 될 것이다. 물론 이런 계획 및 조직 업무가 작업 조건에 영향을 끼치는 혁신을 포함하거나 어떻게든 노동력의 전환배치와 재배치를 포함할 경우에는 노동자 대표와 협의해야 할 것이다.

이런 논의를 이어가다 보면 계속 개별 공장이나 사업 수준에서 고위 관리자의 문제, 조직의 기술적 측면의 문제와 마주하게 된다. 국유화된 산업과 서비스에서는 산업 전반에서부터 개별 작업장에 이르기까지 모든 수준에서 노사 협의 기구를 설립해야 한다는 게 이미 법으로 정해져 있고, 노동자에게 영향을 끼치는 작업장 관행의 혁신이 도입될 경우에는 그 전에 노사가 협의해야 한다는 원칙을 인정하고 있다. 일부 민간기업도 훨씬 더 제한된 수준에서 어쨌든 형식상으로나마 이런 종류의 노사 협의를 실행한다. 그러나 노사 협의-어떤 경우든 결정 권한은 전적으로 경영진이 쥐고 있는-는 진지하게 임하려는 의지가 없는 경우에 쉽게 소극(笑劇)으로 전락할 수 있다. 경영진이 노동자가 제기할 수 있는 반대나 노동자가 바랄지도 모르는 대안적 해법에는 전혀 주목하려는 의사 없이 먼저 무엇을 할지 다 정해놓고 그다음에야 노동자에게 알리는 것은 제대로 된 협의가 아니다. 최종 결정이 나기 전에 충분한 시간을 갖고 협의 상대에게 정보를 제공하며 의견을 구할 때에만, 그리고 기획 중인 혁신이 실제 도입되기 전에 토론과 대안의 정식화에 충분한 시간을 허용할 때에만 진짜 협의라 할 수 있다. 보다 공정한 절차를 향해 나아가는 제일보로서 사전 협의의 권리가 보편적으로 보장돼야 하며, 그럼으로써 노동자에게 영향을 끼치는 변화의 최종 결정 전에 사업장 내 노동자들의 경우는 선거로 뽑은 대표를 통해, 그리고 [산업별] 노동조합의 경우는 노동자들의 보다 광범한 이해의 대변자로서 반대 의사를 공식 표명하고 대안을 제출할 적절한 기회를 갖도록 보장받아야 한다. 한편으로 이는 작업 방식을 개선할 방책이 자기 머릿속에 있다고 생각하는 기술자가 혁신안의 인간적 함의를 경시할 수 없도록 만들기 위해 반드시 필요하다. 생산과정의 기술적 개선이라 여겨지는 바를 놓고 작업하는 엔지니어가 신기술 도입이 그 영향권 안에 있는 이들의 노동 생활에 끼칠 결과를 송두리째 망각하거나 중요하지 않다고 무시하기란 너무도 쉬운 일이다. 기술 전문가가 준비한 방안이 실제 도입 시에 결과적으로 인간이라는 재료의 전적인 비협조 때문에 표류하게 되는 일 역시 비일비재하다. 엔지니어는 심리학 훈련은 받지 않는다. 설령 그런 훈련을 받는다 할지라도 특수한 경험의 제약을 받는 이들이 미래에 어떤 반응을 보일지 해석하면서 무오류를 자랑할 심리학자란 있을 수 없다. 기획 중인 작업 과정 변화가 인간에게 끼칠 영향에 대한 가장 훌륭한 재판관은 일상 속에서 이를 실행에 옮겨야 할 바로 그 사람들이다.

나는 노동자나 특정 작업집단이 그들에 반하는 작업 방식이나 새로운 생산과정의 도입에 비토권을 지녀야 한다고 주장하려는 게 아니다. 대다수 인간의 기질에는 경제 진보와 보조를 맞추기에는 말 그대로 보수주의가 너무 많다. 내가 말하고자 하는 바는 혁신안의 직접적 영향을 받는 이들이 반대 의사를 말할 기회를 제공받을 권리가 있으며, 변화가 이뤄지거나 최종 결정되기 전에 그들의 이의가 충분히 검토될 권리가 있다는 것이다. 변화가 선한 동기에 따른 것임이 충분히 드러날 수 있는 경우에는 이러한 이의를 기각해도 좋을 것이다. 하지만 이견을 들어보지도 않고, 작업 관행 혁신안의 핵심 내용을 희생시키지 않고도 반대자들을 만족시키기 위해 할 수 있는 바가 있는데 이를 하지 않은 채 결론에 도달한다면 이는 참으로 불의한 일일 따름이다. 비록 초기 단계에 협의를 진행한다 할지라도 단순한 협의만으로는 불의를 교정할 수 없다. 사적 소유 기업이든 사회화된 산업이든 경영진은 노동자와 마찬가지로 제 멋대로 밀어붙일 최종 권한이 없다. 필요한 것은 단순한 협의가 아니라 노동조합과 사용자 기구가 이견을 보일 경우에 대등한 입장에서 벌이는 실질적인 교섭이며, 여기에는 합의를 도출하지 못했을 경우의 최후 수단으로서 파업이나 직장 폐쇄가 보장되거나 중재가 수반돼야 한다. 달리 말하면 단체교섭의 인정 범위를 지금껏 노사 협의의 의제로만 여겨온 문제들로까지 확대할 필요가 있다. 이게 실제로 브리티시 모터 코퍼레이션과 그 사원이 속한 노동조합의 최근 분쟁에서 벌어진 일이었다.[12] 그리고 이 과제가 단체교섭의 미래를 만들어가는 데 얼마나 중요한 의미가 있는지도 잊어선 안 된다. 사용자가 '규율'이나 '경영' 문제는 고용주의 배타적 권한이라는 주장을 구실로 이들 문제에 관한 교섭을 거부하던 시대는 지났다. 이들 문제야말로 노동

---

12 [역주] 앞의 '서론' 참고.

자의 생활과 좋은 삶의 전망에 직접적이고도 중대한 영향을 끼치거늘 어찌 그럴 수 있단 말인가?

실로 문제는 노사 협의의 방식을 개선하고 고용 영역 전체로 확대할 뿐만 아니라 공동 협의를 넘어 공동 결정으로 나아갈 방법을 찾아내는 것이다. 이 과정에서 생산을 고도화하거나 비용을 절감하기 위해 필요한 혁신을 도입할 경영진의 권한, 그리고 경영진의 자문 역할을 맡는 기술진의 권한을 흔들어서도 안 될 뿐만 아니라 이런 혁신의 실행을 지나치게 지연시켜서도 안 된다. 이는 쉽지 않을 수밖에 없는데 그 이유는, 첫째 노동자는 자기 작업에 대한 태도에서 극히 보수적인 경향이 있기 때문—과거에 쓰라린 경험이 있을수록 더욱 그렇다—이고, 둘째 특히 보통 사람이 이해하기 힘든 고도로 복잡한 과학기술의 적용과 산업 변화가 급속히 진행되는 오늘날에는 노동자가 그간 익숙했던 종류의 일을 급격히 변화시키거나 심지어는 완전히 제거할지 모르는 기술 혁신안을 명확히 인식하기가 어려워지기 마련이기 때문이다. 노동자가 이들 일에 숙달했다는 사실이야말로 노동자에게는 핵심 자산이다. 따라서 노동자들이 마치 한 세대 전 대공황 중에 실업으로 아버지 세대가 쓰레기 더미에 내던져졌듯이 혁신안 때문에 산업 폐기물 더미에 내던져지지는 않는다는 보장을 요구하는 것은 놀랄 일이 아니다. 1930년대의 불행한 경험은 망각되지 않았다. 그리고 비록 이 경험 밑바탕에 깔려 있던 원인 중 대다수가 오늘날은 존재하지 않으며, 전반적인 상업 공황 역시 존재하지 않는 상황임에도 기술 변화에 따른 실업이라는 현재적 위험과 결합된 채로 이때의 공포의 유산이 여전히 이어지고 있다. 하지만 이런 이해할 만한 공포에도 불구하고 경영진은 기존 노동자 관행과 노동자의 기대에 반하는 위험을 무릅쓰고라도 새로운 방법을 도입해야 하는 입장에 서야 하며, '산업민주주의'의 수용이 새롭고 더 나은 생산방법의 적용을 막거나 혹은 이러한 적용을 과도하게 지연시키기라도 해서 산업의 정체를 조장하는 수단이 돼선 안 된다는 점 역시 무시할 수 없다.

그럼 도대체 무엇을 할 것인가? 우선, 우리는 현장 노동자나 이들 사이에서 영향력을 끼치는 위치에 있는 이들, 가령 직장위원과 작업·작업장 위원이 작업 조건 측면에서 혁신 방안이 그들에게 던질 수 있는 의미를 종합 평가하고 관련 문제들을 이해할 수 있다는 점을 무시하는 오류를 저질러서는 안 된다. 또한 우리는 이들이 세계 경제의 경쟁 속에서, 그리고 영국처럼 대외무역에 의존하는 나라에서 국민 생활수준을 유지하려면 다른 선진국의 생산성 향상과 보조를 맞춰야 한다는 점을 인정하지 못할 것이라고 예단해서도 안 된다. 그들은 자기들에게 직접적인 영향을 끼치는 문제들에 대해 결코 어리석지 않다. 다만 달갑지 않은 사실들을 받아들이고 스스로의 보수적인 전제를 극복하는 데 시간이 걸릴 뿐이다. 가능한 한 초기 단계부터 노사 협의가 시작돼야만 하고 어떤 경우든 절대적이고 무조건적인 권리로서 사전 협의가 수용돼야 하는 이유가 바로 여기에 있다. 둘째로, 현장 노동자-혁신안의 직접적 영향을 받는-가 충분한 설명을 받고 자유로운 토론 기회를 충분히 얻은 뒤에도 계속 반대할 경우, 그리고 경영진이 생산 효율화를 위해 변화가 단행돼야 한다는 입장을 견지하는 경우에는 직접 관련된 기관이 아닌 외부 기관에 항소할 절차가 보장돼야 한다. 노동자는 소속 노동조합에 항소할 수 있어야만 한다. 그리고 노동조합이 해당 사안을 다룰 준비가 돼 있다면 상급 수준에서 단체교섭이 진행돼야 한다. 이런 방식으로도 합의에 도달하지 못하는 경우에는 최후의 수단으로 노동조합과 기술 전문가 대표로 이뤄진 일종의 재판소에 상고해 국민적 필요와 소비자의 정당한 이익이라는 견지에서 판결을 내리게 해야 한다. 관련 쟁점이 고도로 기술적인 경우가 많을수록 이러한 재판소는 주로 기술 문제와 관련 직종의 노동 조건에 정통한 인사로 구성돼야 할 것이며, 그 구성은 사안에 따라 다양해야 할 것이다. 재판소의 판결이 아직 나지 않았거나 그런 항소 없이 직접 교섭을 통해 합의에 도달하려는 과정 중에는 경영진이 분쟁 중인 혁신안을 도입하지 못하게 금지해야 한다. 왜냐하면 노사 합의나 중재 결정 없이 이를 추진하게 되면 많은 경우에 혁신을 원상태로 되돌리는 게 불가능해지는 조건이 조성되기 때문이며, 이는 변화의 영향을 받는 노동자의 '협업자' 지위 인정에 완전히 상반되기 때문이다.

나는 이상의 내용이 작업 관행 변화가 사소한 이유 때문에라도 직접 관련 노동자의 반대에 부딪힐 경우에 경영진이 이런 변화를 도입할 권리를 획득하기까지 오랜 시간이 걸릴 것이라는 이야기처럼 들릴 수 있음을 잘 안다. 또한 나는 항소 절차가 빨리 이뤄지도록 가능한 모든 조치를 취해야만 할 것이라는 데 동의한다. 하지만 보완책은 다름 아니라 해당 경영진의 수중에 있다. 경영진이 혁신안에 대해 노동자와 협의를 더 빨리 시작할수록 지연되는 기간은 줄어들 것이다. 가장 곤란을 야기하는 경향이 있는 것은 사전 협의를 아예 하지 않거나 변화가 도입되기 직전까지 이를 미루는 행위다. 이러한 행위 탓에 노동자는 모든 실질적 토론 가능성을 배제하는 최후통첩이나 기정사실과 마주한다는 인상을 받게 된다. 일반적으로 중요한 범주의 혁신안은 실제 도입되기 전까지 상당한 시간 동안 실질적 입안 과정을 거쳐야 한다. 필요한 새 기계나 장치가 개발된 뒤라도 실제 제작되고 설치되기까지는 상당한 시간이 걸린다. 또한 경영진이 원활한 혁신의 추진을 위해 노동자와 성실히 협의하길 바란다면 시간이 부족한 경우는 거의 없다. 게다가 혁신안에 반대하는 이들은 직접 관련 노동자의 다수를 조직하고 또한 관련 노동조합을 설득해서 사안을 다루게 만들 수 있어야만 비로소 상급 수준에 항소할 수 있게 될 것이다. 이런 환경에서는 주로 사측과 노동자의 작업장 관계가 전반적으로 어떠한지에 따라 항소 기구가 탄원에 어떻게 반응할지가 결정될 테고, 만약 이 관계가 양호하다면 경영진은 충분하고 성실한 노사 협의를 거칠 준비가 돼 있을 것이며, 아마도 상급 수준의 항소 절차에 기대지 않고서도 자신들이 작업장 수준에 도입하길 원하는 변화를 대부분 성취할 것이다. 협업자 지위의 인정은 더욱 민주적인 노사 관계를 실현할 다른 많은 결과와 더불어 혁신에 맞선 저항을, 물론 완전히 없애지는 못하겠지만 상당히 줄이는 데 기여하리라는 것이 나의 논지 중 하나다. 내가 목적하는 바는 변화의 장벽을 강화함으로써 정체 상태를 야기하려는 것이 결코 아니다. 오히려 효율적 생산을 촉진하는 과정에서 진정한 협업자인 노동자를 위해 정의를 실현하라는 요청을 [기술적] 융통성과 화해시키려는 것이다.

제5장
이윤공유제는 반대한다

내가 이해하는바 노사 협업관계는 이윤공유제 혹은 자본주의 기업의 일부 피고용자에게 특별한 종류의 주식을 발행하는 제도를 포함하는, 흔히 동업자 관계(co-partnership)라 불리는 바와는 관련이 없다. 협업자로 인정받게 될 경우 노동자는 이를 열등한 종류의 자본가나 자본주의 이윤 참여자로서가 아니라 노동자로서 갖는 고유의 권리라고 바라봐야 한다. 나의 목적은 노동자를 더 많은 몫을 차지하려는 싸움에 몰아넣고, 자본주의 착취에 맞선 공동 투쟁을 위해 동료 노동자와 힘을 모을 가능성을 줄이려는 의도에서 노동자를 자본가가 공중(公衆)을 착취하는 데 협력하는 하급 동업자로 만들려는 것이 결코 아니다. 오히려 나는 이윤 추구를 전적으로 반대하며, 하나의 체제로서 자본주의에 반대한다. 나는 민중이 모든 핵심 생산수단을 소유할 날을 고대한다. 그리고 이러한 민중의 생산수단 소유는 반드시 국가를 통한 방식이어야만 하는 것은 아닌데, 왜냐하면 나는 지방자치단체 소유와 협동조합 소유도 국가 소유만큼 민주적 경제의 필요조건을 충족시킨다고 보며, 모든 경제 권력이 국가의 수중에 집중되는 상황은 결코 바라지 않기 때문이다. 내가 이해하는바 협업자 지위는 모든 다양한 형태의 육체 및 정신 노동자가 모든 생산의 창조적 요소이며 자본은 단지 노동자가 활용하는 수단-죽은 것, 즉 자본의 소유자임을 주장하는 사적 개인들의 집단이 아니라 이를 실제 활용하는 이들에 의해 통제돼야 하는 무엇-에 불과함을 인정하는 것이다. 사회주의자로서 나는 자본주의에 반대하며, 자본주의의 모든 장치에 반대한다. 또한 나는 결코 노동자를 열등한 종류의 자본가로 전환시키길 바라지 않으며, 노동자가 외양만 조금 바뀐 자본주의 착취 체제의 수용에 얽혀들게 만들길 원치 않는다.

게다가 나는 일부 노동자가 아니라 전체 노동자를 대상으로 협업자 지위를 요구하는 것이다. 그런데 이미 많은 수의 노동자는 공유할 이윤 자체가 없기 때문에 소속 기업의 이윤을 공유할 수 없는 처지에 있다. 교사, 의사, 간호사 및 여타 직군 대다수는 이윤을 위해 공교육과 공공 보건 서비스에서 일하지 않는다. 자기에게 돌아갈 몫을 위해서든, 다른 누군가를 위해서든 말이다. 이들은 이윤 체제 바깥에 있으며, 이미 국유화된 산업과 서비스에서 일하는 수백만 노동자-탄광, 철도, 항공, 우체국 등등-도 마찬가지다. 그들에게는 이윤공유제와 이른바 '동업자 관계'가 적용될 수 없다. 둘 다 본질적으로는 노사 분쟁을 줄이려는 목적에서 사적 자본가가 고안해낸 것이다. 비록 드물게는 보다 진보한 동업자 프로그램을 도입하려는 더 고상한 동기로 움직이는 개별 자본가도 있지만 말이다. 하지만 이런 진일보한 프로그램조차 내가 노동자 전체를 위해 개진하고 있는 주장, 즉 단순히 노동자인 것만으로도 유일한 창조적·생산적 주체임을 인정받고 소속 기업의 문제에 노동자로서 민주적으로 참여하도록 허용돼야 한다는 주장과는 공통점이 없다.

나는 노동자 급여를 정하는 최선의 방식은 노동조합이 모종의 사용자 기구—단사일 수도 있고 이런 회사들이 모인 연합이나 연맹일 수도 있으며 공공 소유 서비스의 경우는 그 관리 기구로서 설립된 이사회나 위원회 혹은 지방의회일 수도 있고 우체국이나 공무원 혹은 해군 조선소의 경우는 정부 부처일 수도 있으며 물론 특정 영역에서는 소비협동조합일 수도 있는—와 협상하는 단체교섭이라고 생각하기에 이윤공유제에 반대한다. 나는 진실로 우리가 사회주의에 가까워질수록 점차 생산뿐만 아니라 소득구조도 계획해야 하며, 공통 기준을 적용하려는 시도나 어떤 조정 없이 각 직종 혹은 산업 별로 급여 수준을 정하는 단체교섭 체제를 넘어서야 할 것이라고 확신한다. 그러나 이런 단계로 나아가려면 이제껏 실현된 것보다 훨씬 더 높은 수준의 경제 계획과 통합적 통제가 실시돼야 한다. 따라서 당분간은 기존의 단체교섭 방식이 활용 가능한 다른 어떤 대안보다 더 잘 기능할 것이다. 노동조합은 기능과 책임의 다양한 등급에 따른 수용 가능한 차이를 전제로 모든 조합원을 위한 표준 급여와 조건을 정하려고 노력할 뿐만 아니라 노동자가 되도록 개별 특정 기업이 추출해낼 수 있는 이윤량에 따라서가 아니라 노동자의 근무의 질에 따라 급여를 받게 하려고 노력한다. 그리고 각 작업 유형에 대한 이런 표준 지급 시스템은 노동자의 근무에 따라서가 아니라 이윤 추구라는 반사회적 행동에서 각 기업이 거둔 성공에 따라 급여가 달라지는 그 어떤 시스템보다 훨씬 더 일반 노동자의 정의관에 부합한다. 또한 이 시스템에는 균등화 경향이 있어서 소득 안정성을 높이는데, 이는 소득이 적은 이들에게는 무엇보다 중요한 사안이다. 이 시스템 아래서도 상대적으로 더 번창하는 산업과 기업에서는 그렇지 못한 곳에 비해 노동자의 소득이 더 많아질 가능성이 높을 것이라는 데는 의심의 여지가 없다. 이는 원칙적으로 바람직한 현상은 아니다. 이는 자본주의 이윤 추구 시스템의 산물이며, 이 시스템이 점차 파괴되면서 사멸할 운명이라는 것이 나의 소망이자 믿음이다. 그렇다고 내가 현존하는 이윤공유 장치들 중 다수가 무슨 큰 해를 끼치고 있다고 주장하는 것은 아니다. 이들은 규모가 그리 크지 않으며, 거의 대부분의 경우에 이런 형태로 받는 급여는 전체 수입의 미미한 부분에 불과하다. 그러나 이런 제도들이 확산되길 바라지는 않는다. 그리고 이들은 어떤 경우든 이 책이 주창하는 보편적 협업관계 방안과는 잘 어울리지 않는다.

또한 나는 극소수 회사에서 한두 명의 노동자가 이사로 임명되는 제도가 확대되는 것 역시 바라지 않으며, 이는 노동자 이사가 자본주의적 이해관계를 대표하는 이사와 명목상 동일한 권한을 부여받든 아니든 마찬가지다. 공공 위원회에 참여하는 노동조합 대표가 두 주인을 섬길 수 없듯이 노동자 이사도 그럴 수 없다. 만약 그들이 기업 이사로서 임무를 수행한다면 동시에 노동자를 효과적으로 대변할 수는 없다. 실제로 늘 소수 입장일 테니 별로 할 수 있는 것도 없고, 다수가 결정하는 바에 따라야만 한다. 노동자 대표라면 자본주의 이사회에서 할 수 있는 유일한 일은 이사로서가 아니라 이사회 회의에 참석하는 임무를 부여받은 노동자 대표로 노동자 편에서 감시하고 조언하는 것일 뿐, 결정 과정에서 권한과 책임을 함께 나누지는 못할 것이다. 나는 자본주의 기업이 이렇게 결정권을 공유하는 수준까지 노동자 참여를 수용하리라 보지는 않는다.

이윤 추구 자체가 나쁜 것이기에 이윤공유제 역시 원리상 나쁜 것이지만 높은 이윤을 거둘 수 있는 기업에 고용된 노동자가 회사의 번영으로부터 이득을 얻길 바라는 것은 너무나 당연한 일이며, 다수의 이런 기업이 최상의 노동자들을 끌어들이고 잡아두며 이들을 노동의 고통으로부터 보호하기 위해 수익성이 낮은 기업에 비해 어느 정도 더 높은 소득을 용인할 각오가 돼 있는 것 역시 마찬가지다. 이런 일은 있어선 안 된다고 말해봤자 소용없다. 현 상황에서는 이런 일이 일어나기 마련이며, 관련 노동자는 이를 환영하는 게 당연하다. 이런 경우에는 이윤공유제보다는 통상적인 봉급액에 포함된 특별 상여금이나 수당으로 더 많은 수입을 얻는 쪽이 훨씬 더 좋으며, 기업 실적에 따른 급여는 가능한 한 노동력 편제 단위인 각 작업집단의 실제 성과와 직접 연관된 집단 상여금 형태를 취하는 게 바람직하다. 왜냐하면 급여가 이런 형태를 취할 경우에 이윤공유제와는 달리 노동조합 교섭 범위 안에 포함될 수 있기 때문이며, 이에 따라 사업체를 소유한 실제 자본가에게 상대적으로 열등한 입장에서 동화된 자본가 모조품이 아니라 노동자로서 노동자에게 지불되는 급여의 형식을 띠게 되기 때문이다. 단체교섭은 노동자 급여를 결정하는 기본 수단으로서 반드시 지켜내야 한다. 노동자의 협업자 지위는 이윤공유제의 존재를 전제로 그로부터 몫을 나눠 받는 것이 아니라 임의적 해고의 위험에 노출된 상태에서 풀려나고 스스로의 잘못이 아니라면 협업자 지위를 절대 잃지 않는다는 것을 보장받는 데 달려 있다. 물론 다양한 기업이나 직종에서 노동 수요가 변화하는 경우에는 한 협업관계에서 다른 협업관계로 이전할 필요성을 받아들여야 하겠지만 말이다.

제6장
노예 감독이냐, 민주적 지도냐

작업반장이나 감독이 작업집단에 위로부터 강요되고 작업집단
과의 관계에서 경영진의 대변자로 행동하는 대신 작업집단 자체
에 의해 지도자로 선출되고 주기적인 재선거에 나서야 한다면 작
업반장이나 감독 직위는 어떤 영향을 받게 될까? 이런 조건 아래
에서라면 감독이 작업집단에 명령을 내리고 생산 혹은 서비스의
적절한 속도와 질을 요구하는 데 필요한 권위를 상실할 수밖에
없으리라는 것이 많은 이들의 주장이다. 선출직 감독은 작업집단
성원들의 비위를 맞춰야 할 것이고, 그들의 타고난 게으름에 영
합해야 할 것이며, 곤란한 일이 생길 경우에는 자기 직위를 유지
하기 위해 늘 저항이 가장 적을 방식을 취하지 않을 수 없을 것
이라고 한다. 선출직 감독은 효율적인 작업에 필요한 규율을 유
지하기는커녕 작업집단의 불평과 변명을 경영진에 전하는 수단
이 될 것이며, 각 작업집단은 자유롭게 방치돼 내키는 대로 작업
을 게을리하거나 불량하게 수행할 것이고, 작업집단 성원을 해고

하지 못하는 탓에 누구도 이를 교정할 힘이 없을 것이라고 한다. 게다가 작업집단 성원에게 항소 권한까지 부여되며 만약 방출이 확정될 경우에는 곧바로 다른 일자리를 얻을 것이라는 보장까지 누린다니 작업집단의 잘못을 고치기란 불가능하다는 것이다.

나는 특별한 경우─특별히 무능하고 비겁한 감독이 어찌어찌 당선돼 특별히 심술궂고 비협조적인 작업집단을 이끌게 된 경우─에 이런 결과가 나올 수도 있음을 부정하지 않는다. 그러나 나는 이 책에서 제안하는 협업관계의 조건 아래서 이것과 조금이라도 유사한 상황이 일상적으로 혹은 약간이라도 빈번하게 발생할 것이라는 주장에는 강력히 반대한다. 우선 대다수 작업집단은 실적에 따른 작업집단별 급여를 통해 정당한 일일(一日) 작업을 수행하지 못하면 수입이 직접적인 영향을 받게 되거나, 아니면 집단 계약 시스템 아래서 작업하게 될 것이다. 또한 대다수 노동자가 이런 조건에서 의도적으로 게으름을 피우거나 산출량을 줄일 만큼 어리석다고 가정할 수는 없다. 다른 많은 작업집단의 경우는 실적에 따른 개인별 급여 시스템 아래 놓이게 될 텐데 이 경우에도 산출량을 늘릴 유인은, 내 생각에 좀 덜 바람직하기는 해도 어쨌든 유사하다. 하지만 산출량을 측정할 길이 없기에 개인별로든 작업집단별로든 실적에 따른 지급 방식이 적용될 수 없는 직종이 다수 존재한다. 예를 들어 사무 작업의 많은 형태가 그러하고 공장에서는 보수 작업, 창고 관리, 수많은 보조 업무가 그러하다. 이런 경우에 노동자는 때로 전체 노동자에게 지불되는 상여금을 나눠 갖기도 하고 작업장 혹은 부서 전체의 성과에 바탕을 둔 특별 상여금을 받기도 하지만, 주로는 노동시간에 따라 급여를 받는다.

시간급 작업 환경이 존재하는 경우에 아래로부터 감독을 선출하는 새 시스템이 도입된다면 무슨 일이 벌어질 것인가? 답은 사업장에 널리 퍼진 기풍, 그리고 무엇보다 노동자가 공정하게 대우받는다고 느끼는지 여부에 달려 있다. 협업자 지위 부여의 주된 목적 중 하나이자 협업자 지위가 동반하는 또 다른 의미는 노동자가 열등한 존재가 아니라 동등한 존재로서, 오로지 고용주의 이익을 맞춰주기 위해 고용된 단순한 일손이 아니라 공동의 봉사에 기여하는 존재로서 공정하게 대우받는다는 느낌을 갖게 만드는 것이다. 그렇다고 협업자 지위만 부여되면 모두가 다 최선을 다할 것이라고 장담할 수 있다는 이야기는 아니다. 분명히 그렇지는 않다. 하지만 이는 어쨌든 현존 시스템 하에서보다는 작업을 훨씬 더 훌륭하게 수행하려는 기풍이 등장하는 출발점이 될 것이다. 심지어 현존 시스템 아래서도 대다수 시간급 노동자는 실제로 아주 정당하게 일일 작업을 수행하며 게으름뱅이와 무능력자는 동료 노동자의 눈총을 받는다. 노동자가 그렇게 하는 주된 이유가 임명직 감독의 감시 때문은 아니라고 나는 확신한다. 노동자 스스로 이를 의무로 인식하는 게 첫 번째 이유이고, 잘할 수 있는데도 혹은 훨씬 더 잘할 수 있는데도 직무 수행이 불량한 것은 즐겁기보다는 고통스러운 일이라는 게 두 번째 이유다. 꽤 많은 경우에 게으름뱅이는 타인과 자기 자신 모두에게 폐를 끼친다. 그는 작업집단의 리듬을 망치며, 직장 동료에게 어려움을 더하고, 동료가 짜증이나 화를 내게 만들며, 이에 따라 동료들 사이에서 지위와 위신을 잃는다. 무시당하는 것은 불쾌하며, 이미 현재의 조건에서도 게으름뱅이와 무능력자는 동료에게 멸시당한다. 이런 영향력 행사가 뚜렷한 효과를 낳는다는 점은 완전고용의 조건 아래서 해고의 위험이 대부분 상실됨으로써 노동자에게 하기 싫은 일을 강요하는 감독의 힘이 크게 감소됐음에도 불구하고 게으름이 확대되는 경향이 거의 없다는 사실에서 드러난다. 완전고용이 되면 관리자는 대체할 다른 노동자를 찾기가 힘들거나 불가능할지도 모르기 때문에 해고를 결정하기 전에 숙고하게 된다. 그리고 감독은 과거에 많은 감독이 그랬던 것처럼 강압적인 자세를 취하는 만용을 부리지 못한다. 그럼에도 노동자는 과거와 별반 다를 바 없이 작업 관성을 유지하는데, 어떤 경우에는 전동식 기계가 작업 속도를 규정해서 노동자가 거의 혹은 전혀 이를 변경할 수 없기 때문이지만, 대부분의 경우는 작업집단이 정한 관습적 속도가 있어서 개별 노동자가 본능적으로 이에 순응하기 때문이다. 물론 타고난 게으름뱅이와 무능한 노동자도 있으며-어떤 시스템에서도 이런 이들은 있게 마련이다- 착취당한다고 믿는 탓에 얄미운 착취자에게 맞서고자 의도적으로 산출량을 줄이는 반골 노동자도 있다. 그러나 전자의 실적은 작업집단 내 동료들 사이에 퍼진 기풍으로부터 상당한 영향을 받을 수 있다. 그리고 내 생각에 수가 그리 많지 않을 후자는 협업관계의 도입처럼 보다 만족스러운 지위를 제공받고 더욱 공정하게 대우받으면 대개 태도가 바뀌거나 누그러질 수 있다.

내가 주장하는 바는 현존 조건에서도 이미 정당한 일일 작업을 수행하는 대다수 노동자는 협업자로 인정받고 자신들이 직접 선출한 지도자 아래서 일할 수 있게 되며 작업 수행 조건을 결정하는 데 참여하게 될 경우에는 작업 태도가 나빠지기는커녕 더 나아지리라는 것이다. 나는 작업 개선의 이유가 노동자가 **더 열심히** 일해서가 아니라 각 작업집단마다 한 팀으로 더 잘 협력할 것이며 작업을 더욱 효율적으로 만들기 위해 서로 도와줄 것이기 때문이라고 주장한다. 나는 이 주장에 토를 달거나 의심을 품는 이들에게 미래에 작업의 질을 높일 수단이 뭐라 생각하는지 묻겠다. 만약 그 답이 평범한 노동자가 정당하게 일일 작업을 수행하게 만들기 위해서는 강력한 성과급 작업을 통해 동기를 유발할 수 있는 경우 외에는 오로지 해고 위협으로 뒷받침된 엄격한 규율에 의존할 수밖에 없다는 것이라면, 나는 이러한 시각을 지닌 이들이 과연 노동조합의 힘이 성장하는 상황에서 −어쨌든 완전고용이나 그에 가까운 무엇이 실현된 한− 이런 종류의 규율을 유지할 수 있으리라고, 아니 더 정확히 말해 복원할 수 있으리라고 믿는지 되묻겠다. 어찌 됐든 나는 이런 종류의 강제적 규율의 시대는 지났으며, 사회에 필요한 일이 수행되도록 만들려면 이와는 다른 수단에 의존하는 것 외에 다른 수가 없는 상황이라고 확신한다. 이 정도로 지독하게 비민주적인 말투로 표현되지는 않더라도 사람들은 직접 뽑은 지도자보다는 업무 능력 측면에서 선발된 감독 아래서 더 훌륭하게 작업한다는 주장 따위로 내 물음에 답하려 한다면, 나는 민주적 토대 위에 조직된 사회에서 주로 나타나는 상황에 관한 한 이런 판단에 동의하지 않는다고 대꾸하겠다. 대다수 민중이 계급 구별을 항상 당연시할 준비가 돼있고 자신의 열등한 지위를 의심할 바 없는 사실로 받아들이는 사회에서는 이런 판단이 타당할지 모른다. 그러나 나는 대다수 민중이 학습을 통해 이런 계급 구별을 비판하며 몇 가지 맥락에서 자신이 종사하는 특정 직업에 상관없이 평등하게 존중받길 주장하는 사회에서는 이런 판단이 타당하지 않다고 확신한다. 정치적 평등이 이뤄지면 산업적 평등에 대한 요구가 생겨나기 마련이다. 정치 영역이든 산업 영역이든 평등은 누구는 다양한 등급의 지도자가 되고 다른 누구는 풀뿌리 시민이나 노동자가 되는 구조의 소멸을 뜻하지는 않는다. 민주주의가 함축하는 평등에서 지도자 지위가 배제되지는 않는다. 지도자 지위는 단지 변형될 따름이다. 하지만 민주주의에서는 지도자 지위가 더 이상 위로부터 강요될 수 없으며, 자유선거로 선출되지 않는 한 수용될 수 없을 것이다. 이는 남녀 노동자가 매일의 작업을 수행하는 대면 집단의 지도자 지위에도 직접적이고 강력하게 적용된다. 그리고 노동 현장에서 민주적 선출 원칙을 받아들이지 않는 것은 사회 질서의 토대로서 민주적 평등사상 전반에 충실하지 못한 행위다.

잠시 상황을 작업집단의 일반 성원이 아닌 감독 자신의 시각으로 바라보자. 나의 전제는 필수 기술 자격을 보유한 이들만 감독직 선거에 나설 자격이 있다는 것이다. 따라서 이런 측면에서 최소 능력 기준을 충족시키지 못하는 인물이 선출되는 경우는 굳이 고민할 이유가 없다. 하지만 대다수의 경우 감독에 필요한 자질이란 기술적이기보다는 인간적인 것이다. 그는 사람들을 관리하는 데 능해야 하고, 이들이 하나의 팀으로 협력해 작업을 훌륭히 수행하게 만드는 데 뛰어나야 한다. 넓은 맥락에서 말하면, 이런 상황을 다루는 데는 두 가지 극단적인 방식-물론 둘 사이에는 수많은 중간 변이가 있다-이 있다. 극단적인 방식 하나는 공포에 의존하는 것, 즉 작업집단 성원을 들볶아서 명령을 열심히 수행하게 만드는 것이다. 감독이 강한 의지와 보스 기질을 지니고 있고 작업집단 성원들이 타고난 복종의식 때문이든, 겁에 질렸기 때문이든 들볶임을 당할 준비가 돼 있다면 이 방식이 먹힐 수 있다. 보통 이 방식은 작업집단 성원들이 두려움을 느끼지 않는 한 먹히지 않는다. 왜냐하면 성원 모두가 천성이 복종적이지는 않을 것이며, 또한 완전고용과 강한 노동조합이라는 조건 아래서는 복종적이지도 않고 겁에 질리지도 않은 이들이 몇 명만 있어도 쉽게 감독의 괴롭힘이 통하지 못하게 만들 수 있기 때문이다. 그저 들볶기만 하는 작업반장이나 감독은 상당한 정도로 과거의 퇴물이 돼버렸고 그 결과로 작업장 분위기가 크게 개선됐다는 사실은 이미 널리 인정받고 있다. 감독의 또 다른 극단적 유형은 처음부터 작업집단 성원과 정답게 지내고 신념과 선의로 이들을 북돋으며 등을 떠밀기보다는 앞에서 이끄는 남성 혹은 여성으로 나타나며, 가능한 한 이들은 동료 노동자와 거리를 두면서 자신이나 사측의 의지를 강요하기보다는 공동 과업의 한 협력자의 입장에 서려 한다. 이쪽이 들볶는 태도보다는 훨씬 더 감독직에 바람직한 유형임이 이미 널리 인정받고 있다. 그리고 나는 이런 유형의 감독은 앞 장[13]에서 간략히 설명한 안전장치를 전제로 아래로부터의 선출 원칙을 받아들일 때에 실현될 가능성이 가장 높을 것이라고 주장한다.

오늘날 자기가 매우 곤란한 입장에 있다고 하소연하는 감독들이 많다. 이들은 고위 관리자에 의해 임명됐으며, 자신을 감독직에 뽑는 데 아무 권한이 없는 현장 노동자들의 충성을 요청하지 않는다. 명령을 내리고 복종을 강요하는 이들 감독의 힘은 완

---

13 [원주] 제4장을 보라.

전고용과 노동조합의 역량 강화로 약화됐는데, 활동적인 직장위원 기구가 존재하는 경우에는 더욱 그렇다. 감독들 중 다수는 과거 감독직을 둘러쌌던 상황이 사라져버린 것을 아쉬워하며, 과거로 돌아가고 싶어 한다. 반면 보다 민주적인 의식을 지닌 다른 이들은 강압보다는 영향력을 통해 이끌려고 최선을 다하지만, '사장 쪽 사람'이라 여겨지는 탓에 애로가 많다. 작업집단에 대한 감독의 관계가 명령자에 의해 바깥으로부터 강요되지 않고 선출된 지도자의 형태를 띤다면, 이런 참으로 훌륭한 감독들의 처지가 모두 개선되지 않겠는가? 삶의 많은 영역에서 이런 민주적 지도력이 이미 존재하며, 대체로 잘 작동하고 있다. 거의 모든 자발적 운동에서 이런 모습이 나타나며, 공공과 민간의 협력적 활동을 주관하는 대다수 위원회의 의장직도 그러하다. 작업집단이 자체 간부를 선출하고 이들의 지도 아래서 상당히 조화로운 방식으로 작업하는 것은 결코 전례 없는 일이 아니다. 참으로 새로운 것은 단지 일상 작업과 관련해 평범한 노동자들에게 이 원칙을 적용한다는 생각이다. 그런데도 이 방안이 기본적인 정치 문제에 대해 의식적으로 민주주의를 받아들이고 사회생활 전반에 걸쳐 민주주의를 향해 의식적으로 전진하는 사회가 별다른 고민 없이 거부해야 할 만큼 경천동지할 혁신이라는 말인가? 나는 어찌 됐든 이 방안이 옳다고 여기며, 민주주의에서 지도력의 필연적 방식이라고까지 생각한다. 또한 보통의 남성/여성을 지도를 제대로 따를 능력이 없어 혹독히 다뤄야 하는 열등한 존재로 바라보면서 강압에 의해 통치하는 것이 더 이상 가능하지 않은 이 시대에 이것 말고 사회에 필요한 일이 이뤄지게 만드는 다른 방식이 있다고는 도저히 생각할 수 없다.

제7장
경영, 노사 협의 그리고 투자 계획

적절한 자질을 지닌 후보에 한해 아래로부터 선출하는 방식이 감독직 노동자의 경우에 적합하다고 해서 감독보다는 주로 기술이나 행정과 관련된 직위 혹은 고위 경영진에게도 이 방식이 적용돼야 한다고 주장하려는 것은 아니다. 감독을 민주적으로 선출하자는 주장은 이 직책이 사물의 관리나 생명 없는 것들의 투자에 대한 연구 및 지휘가 아니라 인간의 경영에 직접 관여한다는 점, 현장 노동자야말로 필수 자질을 갖춘 이들 가운데 누가 자신들의 노동을 감독하는 데 최적인지 가장 잘 판단할 수 있다는 점에 기반을 둔다. 이러한 고려는 과학 전문가나 기술자, 생산 계획자나 회계 관리자, 고위 지역 행정가와 경영자에게는 적용되지 않으니, 이들은 작업집단을 간접적으로 통제하는 경우에조차 이들 집단의 직접적인 대면 지도가 아니라 생산 및 판매 과정의 계획과 집행에서 나타나는 모든 인간적·비인간적 생산 요소들의 조정에 주로 관여한다. 물론 기술자든 경영자든 그들의 조직화 계획과 **방법**에 투입될 인간적 요소들을 잘 알고 있어야 한다는 점은 매우 중요하다. 하지만 최우선으로 필요한 것은 기술자의 경우는 자신의 전공 기술에 숙달하고 늘 최신 기술을 습득하는 것이며 경영자의 경우는 조직에 능숙하면서 동시에 상대적으로 기술적인 영역에서도 전문가의 조언을 적절히 활용할 수 있을 만큼 충분한 지식을 갖추는 것이다. 이는 후보군을 대중 투표의 시험에 붙인다고 해서 가장 효과적으로 확인할 수 있는 자질은 아니다.

위에서 본 대로 오늘날 주식회사는 이사회에 의해 통제되며, 이사는 형식적으로는 주주에 의해 선출되지만 실제로는 이미 이사인 이들에 의해 호선되는 게 보통이다. 이러한 이사들 중 일부는 '바지 이사(guinea pigs)'라 불리는데, 무슨 특별한 능력이 있어서라기보다는 회사 소개서에 이름이 올라가면 빛나 보일 것 같아서거나, 아니면 회유할 필요가 있는 특정 이해관계나 가족 관계를 대표해 선택된 이들이다. 전반적으로 비중이 커지고 있는 다른 이사들은 개인적 자질과 지식 때문에 선택된 이들로서, 이사가 되기 전에 회사의 고위 관리직을 맡아왔던 인물들 중에서 뽑히는 경우가 많다. 하지만 또 다른 이사들은 금융 '마법사'라 여겨지거나 스스로 그렇게 생각하는 이들인데, 그들이 보유한 특별한 '그것'은 특정 산업과 관련된 기술 등등의 역량과는 아무 상관이 없지만 큰돈을 벌어들이는 곳에서는 어디에서든 투자 대상인 사업의 장기적 이해관계에는 매우 바람직하지 않은 방식으로 쓸모를 발휘한다. 또한 또 다른 이사들은 특정 기업 내의 가족 이해관계의 대표자로서 거의 자동으로 이사가 된다. 물론 이들 중 다수는 성장하면서 관련 사업에 익숙해지며 이런 사업을 통제하는 데 필요한 기법을 체계적으로 훈련 받는다.

이런 이사들 중 몇몇은 이사 직위를 경영 실무직과 결합하면서 모든 시간 혹은 주된 시간을 사업에 쏟아붓는다. 반면 다른 이들은 이사회 회의 참석 외에는 별다른 일을 하지 않으며 어쩌면 다른 기업의 이사일 수도 있고 하원의원이나 농장주 혹은 법률가 같은 직업을 겸직하거나, 아니면 기본적으로 '유한(有閑) 신사'다. 대다수 기업에는 상근 혹은 비상근의 회장에 더해 전무이사라는 주요 보직을 맡으면서 중역 회의에 참여할 뿐만 아니라 사업 운영의 상근 책임자이기도 한 한 사람의-때로는 더 많은 수의- 이사가 있다. 이사회의 구성과 기능은 기업마다 상당히 다르다. 어떤 기업에서는 이사회가 주로 기본 부서의 상근 책임자들이 모인 회의이고, 여기에 특별한 지식이나 연줄을 이유로 소수의 사외 이사가 포함된다. 이런 유형의 이사회는 사업을 실제 전담하는 것을 원칙으로 하며, 분명 주요 정책 입안뿐만 아니라 일상 업무에도 커다란 영향을 끼칠 것이다. 다른 경우, 특히 이사회가 주로 '자투리 시간에 참여하는 이들'이나 해당 사업에 대한 전문지식이 없는 금융가들로 구성된 곳에서는 일상 업무의 통제가 전문이사와 그 직속 하급자의 몫이 되며 심지어는 주요 정책도 이사회가 아니라 주로 이들에 의해 통제되는 경향이 있다.

국유화된 산업에서는 원칙상 이사회나 위원회가 개별 회사가 아닌 산업 전반을 통제하며, 이에 따라 해당 산업 영역에서 독점적 지위에 있기에 상황이 이와 다르다. 이러한 기관들-전국석탄위원회(National Coal Board),[14] 교통위원회(Transport Commission)[15] 등등-은 관련 정부 부처의 수장인 장관들이 지명한 인물들로 구성되며, 이들은 어떤 이해관계나 집단을 대변해서가 아니라 개인적 역량에 근거해 뽑히되 다만 실제로 이들 중 일부는 특별한 종류의 경험을 보유했다는 이유에서 선발된다. 이 경우에는 가령 노동조합 지도자였든 협동조합 운동을 이끌었든 한 가지 이상의 경력을 지녀야 하며, 위에서 살펴본 다른 사례들처럼 해당 인물은 이사라는 새 직위를 수락함과 동시에 이전 지위는 포기해야 한다. 어떤 경우에는 상근 이사 외에 겸직 금지 의무가 적용되지 않는 일부 비상근 이사도 포함되는데, 이들은 일반 규칙에 대해 다소 예외적인 지위를 점한다. 전국 단위 이사회나 위원회 아래에는 대개 특정 서비스와 관련된-예컨대 교통위원회 산하의 철도- 지역별 이사회나 집행위원회가 있다. 한 가지 경우-가스-

---

14 [역주] 1946년에 영국 노동당 정부가 석탄산업을 국유화하면서 설치한 공기업 체계. 1987년에 보수당 정부가의 석탄산업 사유화 조치로 폐지됐다.

15 [역주] 1946년에 영국 노동당 정부가 철도를 국유화하면서 설치한 공기업 체계. 1962년에 보수당 정부에 의해 폐지됐다.

에만 주된 권한이 지역위원회 수중에 있으니, 전국 단위의 가스 협의회(Gas Council)[16]는 통제 기구라기보다는 조정 기구다.

각각의 중심 이사회나 위원회 산하에는 행정가와 경영 간부, 기술 전문가로 구성된 임원진이 있으며, 이들은 사적 소유 기업의 경영 및 기술 임원과 유사한데 다만 지위가 보다 안정돼 있고 특히 복지 및 작업 조건과 관련된 직위의 경우에는 이전 노동조합 간부가 상당수 포함된다는 점이 다르다. 이들 노동조합 간부는 사기업 이사회의 경우와 마찬가지로 노동조합 직위에서 물러나 공기업 이사회의 전일 근무자가 된다. 이런 공공기관의 임원 배치에서는 특정 집단이나 이해관계를 대표하는 요소는 고려되지 않으며 오직 개인적 자질과 특정 영역에서 쌓은 경력에 대한 평가로 개인을 뽑는다는 점이 특징이다.

국유화된 산업의 경우에는 이사와 경영·기술직 임원의 임명에 관한 한 현 관행을 대신할 적절한 대안이 아직은 없는 것으로 보인다. 그렇다고 실제 임명이 항상 현명하게 이뤄졌다는 이야기는 아니다. 퇴역 장군은 교통위원회를 이끄는 직위를 맡기에는 부적절한 선택으로 보이며, 석탄위원회 인선 관련해서는 잡음이 끊이

---

16 [역주] 1948년에 영국 노동당 정부가 지역 가스 공급업체들을 국유화하면서 설치한 공기업 체계. 전국을 열 두 권역으로 나눠 각각 가스위원회(Gas Board)를 설치한 뒤에 이들의 중앙 협의체로 가스협의회를 두었다. 1986년에 보수당 정부의 사유화 조치로 해체됐다.

지 않았다. 하지만 임명 권한을 지닌 장관으로서는 다른 쓸 만한 대안이 없다. 게다가 현 시스템을 대체할 위원회 구성 방안을 주창하는 이들도 거의 없다. 대표성을 고려할 경우에 어떤 집단이나 이해관계를 대표해야 할지에 대해서도 합의된 바가 전혀 없다. 1919년의 생키 석탄위원회(Sankey Coal Commission)[17] 설치 이전에 광부연맹이 노동조합이 지명한 사람 절반, 정부가 뽑은 사람 절반으로 구성된 협의회에 석탄 산업을 맡겨야 한다고 주창한 적이 있기는 하다. 또한 철도 노동자 등등이 국유화된 해당 산업의 통제 위원회에 노동조합 대표를 참여시켜야 한다고 요구하기도 했다. 그러나 위에서 살펴본 대로 이런 제도 아래서는 노동조합 소속 이사가 비록 주요 경제 업무의 지위에 필요한 자질을 보유했다 할지라도 이중 충성이라는 아주 곤란한 입장에 놓이고 말 것이다. 이러한 시스템은 공동체가 국유화된 서비스를 그냥 노동조합의 수중에 맡기고 노동조합이 공공성을 철저히 존중하며 이를 운영할 것이라고 믿지 않는 한 제대로 작동하기 힘들다. 노동조합 지도부가 산업 관리와 통제 임무에 충분한 자질을 갖추었다고 인정할 수 있는 경우-물론 이런 경우는 생각하기 힘들다-라도 이

---

[17] [역주] 제1차 세계대전 직후에 석탄산업 노사 분쟁 해결과 국유화 가능성을 논의하기 위해 존 생키(John Sankey)를 위원장으로 하며 설치된 왕립 위원회. 노동 측 대표로는 시드니 웨브(Sydney Webb), R. H. 토니(Richard Henry Tawney) 등이 참여했다.

는 매우 흔치 않은 전폭적 신뢰라 할 수 있을 것이다. 행정과 경영은 특별한 기법 혹은 기예라서 특별한 자질과 여러 형태의 전문기술을 요한다. 투자와 생산방식 계획과 같은 문제에서 나타나는 산업 정책의 지휘도 마찬가지다. 이런 임무를 수행하려면 이에 필요한 것이 무엇인지 정확히 이해하는 인사들이나 위원회가 개별적으로 인물을 선발해야 한다. 어떤 경우에는 노동조합 지도자가 필수 자질을 갖춘 적임자일 수도 있다. 하지만 현 시스템 하에서는 공공이 운영하는 주요 산업과 서비스를 지휘할 책임을 지닌 인물의 전부 혹은 대다수를 노동조합만이 공급 혹은 선발한다는 것은 사리에 맞지 않는다. 그렇다고 노동조합 지도부의 자질을 전혀 인정하지 않는다는 이야기는 아니다. 하지만 그들이 노동조합을 이끄는 데 아무리 훌륭한 자질을 보이더라도 이는 공공성에 따른 산업 계획이나 경영과는 전혀 다른 직무다.

사기업에서는 사뭇 다른 고민거리가 부상하는 중이다. 사기업의 경우는 주주총회가 이사로 일할 최적임자를 뽑는 데는 너무 어울리지 않는 기구라서 실제로는 이사를 선출한다는 명목상의 권한을 거의 써먹지 않으며 사실상 기존 이사들에 의한 호선이 통상적 방식이 돼 있다. 이는 이사회가 주식 배당금을 챙기기보다는 유보금을 적절히 적립하고 기업의 장기 이익을 중시하며 훌륭한 생산적 직무 수행에 더 열심인 상근 경영자로 주로 구성된 곳에서는 상당한 장점을 발휘할 수 있다. 기업이 사적 소유로 남아 있는 한 대다수 이사를 임명하는 현재의 방식을 변화시키자고 제안하기란 쉽지 않다. 하지만 '공개' 기업[18]이라 불리는 경우에 관한 한 이들 기업 활동의 규모 때문에라도 일정한 대표성을 요구하는 공공의 이해관계가 존재한다는 시각이 설득력을 갖는다. 이런 기업-등록된 총 기업 수에서 아주 작은 비중밖에 차지하지 않는다-은 모두 최소한 한 명의 이사는 주주나 기존 이사 몫이 아니라 정부나 이를 위해 설립한 특정 기관이 임명해 공공성을 위한 감시자 역할을 하게 해야 한다는 제안이 있었다. 이런 이사는 이사회 안에서 소수여서 기업 정책을 결정할 위치에 있지 못할 것이다. 하지만 권고안을 제출해 가치 있는 역할을 수행할 수는 있고, 독점방지위원회(Monopolies Commission)[19]나 여타 당국에 보고해야 할 사항이거나 대중의 저항을 피하기 위해 개입해야 할 사항인 기업의 반사회적 행위를 빈번히 저지할 수도 있을 것이다. 이런 지위에 세울 적임자를 찾기 쉽지 않다는 것은 분명하다. 또한 이 제안이 채택될 경우, 특정 산업의 여러 기업이나 지사(支社)의 이사가 되고 기업 정책의 결정을 협의할 능력이 있는 공무원들의 조직을 결성하고 훈련시켜야 할 것이다. 이는 문제의 기업이 사적 소유로 남아 있는 경우에 사용될 한시적 방편

---

18 [역주] 주식시장 상장 기업.
19 [역주] 한국의 공정거래위원회와 같은 역할을 하는 영국의 정부 기구. 현재는 '경쟁위원회(Competition Commission)'라 불린다.

일 뿐이다. 어느 기업이든 공적 소유로 바뀌면 이런 수단은 필요 없게 될 것이다. 게다가 이는 대개 상대적으로 소규모인 압도적인 수의 비공개 기업에는 적용하기 힘들다. 이러한 사기업들 가운데에서도 거대 공개 기업의 주요 자회사인 경우에는 적용할 수 있겠지만 말이다.[20] 자본 상속에 훨씬 더 과감한 제한을 가한다는, 내가 올바른 정책이라 믿는 바를 시행한다면 국가는 상속세를 현금뿐만 아니라 주식으로도 납부할 수 있게 해야 할 것이다. 왜냐하면 유언 집행자가 상속세를 내기 위해 주식을 팔려고 해도 매수자가 충분히 나서지 않을 수 있기 때문이다. 이에 따라 국가는 갖가지 종류의 기업의 자본에 점점 더 많은 지분을 꾸준히 확보하게 될 것이며, 위 문단에서 제안한 내용에 더해 더 많은 이사를 임명할 권한을 갖게 될 것이다. 여기에는 분명히 이런 임명 권한을 실행할 특별한 공적 기구의 설립이 포함될 것이며, 이 기구는 관련 기업들에 대한 통제력을 획득하게 될 것이다. 아마도 주요 산업이나 집단마다 별개의 기구가 필요할 테지만, 이에 필요한 세부 장치에 대한 논의를 시작하는 것은 지금 이 책의 목적으로부터 너무 멀리 나아가는 셈이다. 여기에서 나는 공개 기업의 이사회에 공공 이해관계를 대표하는 제한된 수의 이사를 추가하자

---

20 [원주] 1954년 말에 등록된 주식회사는 28만 3,954곳이었으며, 이 중 1만 1,547곳만이 '공개' 기업이었고 나머지는 '비공개' 기업이었다. 비공개 기업이란 주식이 자유롭게 매매되지 못하며 주주의 수가 50명을 넘지 않는 기업을 말한다.

는 제안에 머물 것이며, 이를 뛰어넘어 기업 이사 임명 방식 자체를 바꾸자는 제안은 내놓지 않을 것이다.

이제는 국유화된 산업의 문제로 돌아가도 되겠다. 우리가 살펴본 대로 이런 산업에는 이미 개별 작업장부터 전국 단위 위원회에 이르기까지 노사 협의를 규정한 성문화된 조항이 있다. 하지만 작업장 수준에서는 지역 경영진과 피고용 노동자의 대표로 이뤄진 노사협의위원회가 있지만, 광역 및 전국 수준에서는 실은 전국 위원회와 노동조합이 협의한다. 작업장보다 높은 수준에서는 작업장 협의 기구에 바탕을 둔 협의 구조가 존재하지 않으며, 지역 경영진과 현장 노동자는 빠지고 고위 관리자와 노동조합 간부가 그 자리를 대신한다. 물론 고위 관리자와 노동조합 사이의 협의는 아주 바람직하다. 산업 정책의 틀을 짜는 것은 주로 이런 관리자들이고, 노동조합은 관련 노동자들의 보다 일반적인 이익을 대변하기 때문이다. 하지만 지역 관리자와 현장 노동자를 보다 상급 수준의 협의 과정에 참여시키는 것도 중요한 과제다. 나는 광역 수준에서도 어쨌든 고위 임원과 노동조합 대표뿐만 아니라 개별 작업장 노사협의위원회 양쪽의 대표까지 상급 노사협의위원회에 포함돼야 한다고 제안한다. 아마도 최선의 방식은 개별 작업장 노사협의위원회의 노사 대표들이 광역 수준 임원 및 노동조합 대표들과 함께 정례 회의를 갖는 것이며, 단위 사업장보다 훨씬 커다란 범위에서 노동자의 이해관계에 영향을 끼치는 문제들을 다룰 상설 협의 기구로 기능할 부속 위원회를 이 회의에서 선출하는 것이다. 이러한 회의와 위원회는 생산방식 변화 제안, 유휴인력 문제 혹은 다양한 노동 유형을 둘러싼 수요 변화 등등을 논의하는 장이 될 수 있을 것이다. 또한 개별 사업장의 노사 협의 절차, 승진과 견습 제도 같은 문제의 조절, 쟁의를 유발할 것으로 보이는 쟁점의 논쟁 등에 대한 일반 규칙을 입안하는 과정에서 쓸모 있는 역할을 할 수도 있을 것이다. 또한 경영·기술직 임명 방안과 고위직으로의 승진을 위한 훈련 계획(석탄위원회의 '사다리 계획' 같은)에 대해 이들 기구와 협의할 수도 있을 것이며, 상황이 무르익으면 일부 직위의 실제 임명권을 부여받을 수도 있을 것이다.

국유화된 산업에서 가장 절실히 필요한 것은 전국 단위 계획의 이점을 놓치지 않으면서도 가장 작은 수준까지 생산 활동의 실제 관리와 관련해 권력 집중을 유지하는 것이며, 동시에 기술 조건과 조화를 이룰 수 있으면서도 가장 민주적인 형태로 현실에서 가능한 최대치의 책임 권한 분산을 달성하는 것이다. 목표는 책임 있는 지위의 이점을 활용할 준비가 된 이들에게 가능한 한 많이 이런 지위를 맡을 기회를 제공하고, 이를 통해 산업 통제에 실질적으로 참여할 의지와 자질을 갖춘 이들의 수를 늘리는 것이어야 한다. 이는 쉽지 않은 과제다. 대규모 사업은 그 조건상 중앙 관료 기구가 수중에 권력을 집중시키고 예스맨을 뽑아 핵심 부속 직무를 이들로 채우는 강력한 경향이 있기 때문이다. 외형상 민주적이거나 분권적인 기구를 설립하는 것만으로는 이러한 경향을 시정할 수 없다. 문제는 위아래를 막론하고 사업을 관통하는 기풍이다. 하지만 적절한 구조를 갖춘 기구의 설립이 도움은 될 수 있고, 이를 통해 사업 실행이 공공성을 기준으로 한 지속적인 감시 아래 놓이도록 만들 수 있다. 국유화된 서비스에서는 주요 정책을 중앙이 계획하고 주요 쟁점을 중앙이 결정해야 한다. 이에 따른 문제는 정책의 중앙 통제가 실무 관리의 집중화로까지 이어지지 않도록 막는 것이다. 집중적인 방식으로 결정돼야 할 가장 중요한 사항은 향후 생산 규모와 이를 달성하는 데 쓰일 기술 방식에 영향을 끼치는 핵심 자본 투자에 관한 것이다. 혁신이란 흔히 새로운 생산 설비에 돈을 지출하고 대체로 완전히 쓸모없어지기 전에 기존 생산 설비를 철거하는 일이다. 신규 투자는 노동력의 성격과 분배 그리고 노동력이 수행해야 할 업무에 변화를 불러온다. 그리고 이런 요소들은 비용과 가격의 영향을 받는 미래 수요 규모뿐만 아니라 중앙 계획가의 기술적 결정에 의해서도 좌우된다. 공기업의 투자 정책이 전적으로 기업 자체의 몫일 수 없다는 점은 분명하다. 제한된 투자용 기금을 바탕으로 각 공기업에 허용될 수 있는 청구액은 각 요청의 경중을 판단할 수 있고 다양한 필요의 상대적 긴급성을 평가해 우선순위를 매길 수 있는 모종의 중앙 기구에 의해 결정돼야만 한다. 이런 할당 과정은 주요 프로젝트의 경우에 대체로 1년 단위로 추진돼야 하며, 오직 정부만이 이 과정의 최종 책임을 질 수 있다. 하지만 투자 계획의 최초 입안 임무는 산업 자체의 몫이다. 그리고 각 계획은 일부는 중앙에서 작성된 프로젝트로 이뤄지고 일부는 특정 사업장의 발전을 위해 지역에서 입안한 제안으로 이뤄진다. 따라서 공적으로 작동하는 각 산업 혹은 서비스는 중앙에서 처음 제출한 주요 프로젝트를 검토하면서 동시에 지역 기업 및 기관이 제출한 제안들을 수정·조정한다는 이중의 목적을 위해 자체 중앙 계획 기구가 있어야 한다. 이러한 중앙 기구는 해당 산업의 문제를 중앙 정부 계획가 및 재무부와 토론하면서 동시에 해당 산업 내 특정 기업을 발전시킬 최선의 방책과 관련한 구상을 지역 경영진과 토론할 수 있어야 한다. 한 산업에 반드시 필요하다고 생각되는 발전 계획의 자금을 외부 재원에 기대지 않고 현재의 해당 산업 수익에서 전액 혹은 대부분 확보할 수 있는 경우라 할지라도 산업 내 중앙 기구는 정부가 지출 방안을 승인할 때까지 차례를 기다려야만 한다. 왜냐하면 그렇지 않을 경우에는 제품의 소비자 가격을 높이 책정함으로써, 그러니까 더 효과적으로 사용될 수도 있을 자원을 독차지함으로써 자본을 확보하려 들 수도 있기 때문이다.

투자 계획이 어느 정도나 집중돼야 하는지, 자체의 필요는 좀 더 정확히 인식하지만 다른 단위나 전체의 필요는 충분히 가늠

하지 못하는 지역 경영진에게 어느 정도의 재량권을 부여해야 하는지 등등을 일반적 수준에서 정리할 수는 없다. 말할 수 있는 것은 다만 가능한 한 지역에 상당한 자유재량을 허용하는 것이 중요하며, 그렇지 않으면 권한과 책임의 바람직한 분산을 달성할 수 없다는 것이다. 많은 경우에 최선의 중앙 계획이란 실제 생산 과정과 직접 접촉하는 이들이 입안한 지역적 계획의 종합과 조정이 주를 이루는 계획이다. 하지만 실로 중대한 변화를 고민하는 경우－예컨대 전력 공급에서는 거대 송전망(super-grid)의 구축, 대량생산 부문에서는 급진적인 자본 재편을 수반하는 자동화 요청－에는 핵심 결정이 정부 계획 당국과 긴밀히 협의하는 가운데 중앙에서 이뤄져야 한다는 데 의문의 여지가 없다. 하지만 그렇다 하더라도 중앙 계획이 채택되기 전에, 이 계획의 실행 책임자가 될 지역 관리자뿐만 아니라 계획으로부터 심대한 영향을 받을 노동자까지 참여해 이를 철저히 검토하는 것이 참으로 중요하다. 이런 중앙 계획이 필요하다고 하더라도 지역 경영진에게 직접 관련 노동자들과 협의하고 자체의 소규모 계획을 기안·적용할 상당한 자유 재량이 부여됨으로써 혁신과 실험의 범위를 지역의 필요에 맞추거나 특정한 관리자나 기술자 혹은 작업집단이 스스로의 구상에 따라 발휘하는 창의성에 바탕을 두도록 하는 것이 중요하다는 점이 가려져선 안 된다.

국유화된 산업에 요구되는 중앙 계획과 통제의 정도는 다른 사례들과 마찬가지로 틀림없이 경우에 따라 크게 다를 것이며, 그 결정 요인은 주로 생산 활동이 수행되는 규모와, 기술 발전이 강요하는 변화의 속도일 것이다. 개별 공장이 더욱 대형화해야 할수록 건설 및 확장은 보다 집중적으로 계획·통제돼야 할 것이다. 또한 기술 조건이 더욱 빨리 변할수록 작업 전반의 대체나 장비 교체를 통해 계획 입안 과정에서 더 이상 기존 설비를 고정된 출발점으로 삼지 않도록 만들 필요성이 증대될 것이다. 이제까지 국유화된 산업 중 대다수는 이런 점에서 대형 프로젝트에 대한 대규모 투자를 포함한, 고도로 집중화된 계획을 요구했다. 가스는 분명 예외였다. 하지만 이제는 탄광업에서도 다수의 고비용 탄광을 가동 상태로 유지할 필요성과 생산 단위의 다양성 때문에 넓은 맥락에서 구상되고 집중적으로 통제된 전국 개발 계획의 틀 안에서 지역과 광역의 다양성이 상당히 보장돼야 한다. 반면 철도는 최근 분권화된 통제를 시도하고는 있지만 지역 차원의 계획의 여지가 상대적으로 적다. 또한 발전과 원격 송전, 민간 항공에서는 분명 투자와 영업 통제 모두 고도의 중앙 계획이 필요하다.

사적 소유 상태로 남아 있는 산업들의 경우는 투자 정책의 계획 측면에서든 영업 통제 측면에서든 대체로 공통 기관이 존재하지 않는다. 규모와 범위가 참으로 다양한 각 회사나 사업체는 대체로 다른 회사와는 상관없이 그리고 때로 타사의 계획을 무시하면서 저마다 자체 계획에 따라 움직인다. 회사들이 공통 가격 정책을 추구하거나 제품 판매에 조건을 부여하는 공동 행동을 취하며 연합한다 할지라도 사정은 대체로 마찬가지다. 드물게 임피리얼 케미컬 인더스트리즈(Imperial Chemical Industries: ICI)나 유니레버(Unilever) 같은 거대한 단일 콘체른이 관제고지를 점해 산업 전반을 지배할 뿐만 아니라 다른 산업으로 문어발을 뻗기도 한다. 그리고 이런 거대 회사는 국유화된 산업이나 서비스를 책임지는 위원회와 거의 같은 정도로 자사의 투자 및 발전 정책을 계획하는데, 다만 형식적으로 정부 통제를 받지 않는다는 점이 다를 뿐이다. 사업체 중 대다수가 아주 대규모이고, 따라서 사업체 수도 상대적으로 소수이며 그래서 신규 업체가 산업에 진입하기가 말할 수 없이 힘든 조강(粗鋼, crude steel) 생산 같은 몇 안 되는 경우에는 '과점' 업체들 - 경제학자들의 용어에 따르면 - 이 자본 개발 계획뿐만 아니라 산출량 및 가격 조절까지 긴밀히 조정하는 관계를 맺기에 이른다. 하지만 일반적으로 사적 소유 산업에는 집단적 투자 계획도 없고, 투자 정책 전반에 대해 노동조합이나 다른 누군가와 협의해야 한다는 규정도 없다. 각 회사는 자체 계획을 수립한다. 이들 중에 이 계획에 대해 피고용자와 협의해야 한다거나 자신들이 생각하는 바를 노동조합에 통보해야 한다고 여기는 회사는 거의 없다. 노동당 정부가 기획한 발전협의회(Development Councils) 시스템이 긍정적인 반응을 얻었더라면, 이러한 협의가 발전협의회 기능의 중요한 부분이 됐을 것이다. 그러나 이 기획은 허사로 끝나버렸으니, 대다수 기업이 자사의 발전 정책을 계획하는 데 이 정도의 대단치 않은 노동자 참여조차 수용할 준비가 돼 있지 않았기 때문이다. 이런 참여 장치의 부재는 최근 들어 자동화 기획과 연동돼 아주 중대한 문제가 됐으며, 또한 자본 투자의 불균형 탓에 처음에는 너무 많은 노동자를 한 산업에 끌어들였다가 나중에는 그중 다수를 '유휴인력'이라 선언하는 경우에도 이는 마찬가지다. 이 두 가지 이유에 따른 해고 위험 때문에 소속 산업의 투자 정책에 대한 노동자들의 직접적 이해관계가 강조되기 시작했고, 진전된 노사 협의 방식과 이를 둘러싼 협상 기회를 법으로 정하자는 요청이 대두했다. 멀지 않은 미래에 상당수 노동자가 완전히 다른 자질과 다른 종류의 기능 혹은 솜씨를 요구하는 새로운 일자리에 적응하도록 요구받게 될 것이라는 점에는 의문의 여지가 없어 보인다. 이런 전망에 직면한 노동자들에게는 자신에게 영향을 끼치는 변화가 결정되기 전에 충분한 노사 협의를 거칠 권리, 그리고 여기에서 더 나아가 변화가 단행될 시에 상황이 전반적으로 악화되지 않을 것이라는 보장을 받을 권리가 분명히 있다. 그들에게는 현재의 일자리에서 해고될 경우에 정당하고도 대등한 조건의 다른 일자리를 제공받아야 하며, 같은 회사든 아니면 다른 회사로 옮기든 약간의 조정 말고는 수입이 크게 감소하는 일 없이 새로운 직무에 필요한 훈런 일체를 제공받아야 한다고 주장할 권리가 있다.

하지만 사적 소유 기업에 이러한 필수 요건을 강제하기란 쉽지 않을 수밖에 없고, 재원이 한정된 데다 어떤 경우에는 사업 규모를 축소해야 하는 상황에 처해 있는 소규모 기업에서는 더욱 그러하다. 일반적으로 말해 현재 사적 소유 기업은 더 이상 고용하지 않으려는 노동자에 대해서는 복지 책임을 일체 인정하지 않으며, 기업 내 노동자에게 협업자 지위를 인정해 충분한 통지 없는 해고를 부당한 것으로 만들기를 한사코 거부한다. 강력하게 조직되고 결의에 찬 노동조합이 산업별 노동조합의 역량을 활용해 재정 여력이 있는 사업체에 이런 종류의 요구를 일정하게 관철하는 것은 실현 가능한 일일지 몰라도 규모가 더 작고 재원도 풍족하지 못한 다수 기업에서는 비록 유사한 환경이 대두하더라도 노동조합의 압력만으로는 같은 종류의 성과를 이뤄내기가 분명 불가능하다. 오직 자동화나 여타 생산방식 혁신 혹은 특정 기업에서 노동 수요 감소를 야기하는 여타 원인에 따른 인원 감축의 결과로 해고되거나 이전되는 노동자에게 명확한 법률상 권리를 부여하는 입법을 통해서만 대다수 노동자에게 협업자 지위를 부여하면서 특정 직무의 고용 상실이 협업자 지위의 박탈이 아니라 대안적인 협업관계로의 이전이 되도록 보장하는 효과를 낼 수 있다. 입법을 통해서도 사기업 고용주의 경영 전반에 이에 필요한 의무를 부과하기란 쉬운 문제가 아닐 것이다. ICI나 브리티시 모터 코퍼레이션 같은 거대 콘체른의 경우에, 그리고 아마도 규모는 이보다 작지만 재원이 풍족하고 상황이 안정된 꽤 많은 회사들에서는 충분히 가능하겠지만 말이다. 다른 회사들의 경우는 협업자 지위를 실현하기 위해 필요한 보장을 개별적으로 제공하기가 거의 불가능할 것이다. 공동 기금 조성을 통해 일정한 공동 보장을 제공할 수 있는 집단적 장치가 있어야 할 것이다.

처음에는 공공 소유로 작동하는 모든 산업과 서비스의 피고용자 그리고 고용 인원을 기준으로 일정 규모 이상인 모든 사적 소유 기업의 피고용자에게 협업자 지위와 이에 포함된 모든 사항을 완전히 보장하고 동시에 이와 유사한 효과를 낳기 위해 설계된 집단적 해법을 승인하고 이에 참여하도록 다른 모든 고용 기관 및 업체에 의무를 부과하는 것으로 출발할 수 있을 것이다. 이에 따라 공적으로 운영되는 산업과 서비스에서는, 그리고 초거대 사기업에서는 협업자 지위에 있는 노동자-즉, 견습 기간을 수료한 남성 혹은 여성 노동자-를 충분한 개인적 잘못 없이는 누구든 해고하지 못하게 법으로 규정할 것이고, 해고 시에는 직접적으로든 아니면 직업안정국을 통해서든 노동자가 다른 협업관계로 이전하도록 알선해주어야 하게 될 것이다. 다른 경우-즉, 일반적인 사기업 일자리-에 유휴인력 문제 때문에 해고가 예정된 노동자-협업자는 어디에서든 새 협업자 일자리를 찾을 수 있는 일시적 실업자를 위한 기금의 수급자 자격을 인정받아 재고용될 때까지 이 기금으로부터 생계비를 충당할 텐데, 이 기금은 참여하는 모든 회사가 급여명세서에 따라 혹은 통상적 고용 인원수에 비례해 기여금을 납부해 조성하게 될 것이다. 각각의 산업 혹은 지역마다 독자적인 기금이 있을 수 있고, 이에 더해 특정 프로그램에 참여하지 않는 모든 회사들을 위한 일반 기금을 둘 수도 있다. 그리고 사용자와 노동자를 대표하는 노사 공동 위원회가 이들 기금을 관리할 수 있을 것이다. 기금 수급자 자격을 부여받은 노동자는 실업 기간 중에 생계비로 매주 급여를 받을 것이며, 새로운 일자리를 준비하는 데 필요하면 무엇이든 훈련도 받게 될 것이다. 프로그램 초기에는 초과근무 수당을 뺀 이전 수입과 같은 액수를 지급한다고 보장하는 것은 불가능할지 모른다. 하지만 통상적으로 새로운 협업관계에 진입하는 데 필요한 기간에 해당하는 몇 주 동안은 어떤 일이 있든 급여가 해당 개인의 과거 표준 급여보다 낮은 수준으로 떨어져서는 절대 안 된다. 하지만 이 경우에 노동자는 협업자 지위를 완전히 인정받기 전에 새로 견습 기간을 거쳐야 할 수 있다. 그러나 과거 직무에서 예컨대 3년간 지속적으로 협업자 지위에 있었다는 기록을 제시할 수 있는 경우에는 이런 조건까지는 필요하지 않을 것이다.

위와 같은 몇몇 해법을 입법한다면, 비록 공기업보다는 사기업의 수중에 있는 산업이 더 많다 하더라도 대다수 노동자가 완전한 협업자 지위로 나아가도록 만들 수 있을 것이다. 그렇다고 내가 어떤 산업 부문에서든 자본주의 기업이 무한히 영속되는 상태를 정당화하려는 것은 아니다. 오히려 나는 이윤 추구에 바탕을 둔 산업 시스템 전반이 근본적으로 잘못 됐으며 산업민주주의의 핵심 원칙과 모순된다고 본다. 하지만 이 책의 목적은 일단 전반적 사회화를 주창하는 것이 아니라 노동자에게 협업자 지위를 부여하고 이런 지위에 따라올 수밖에 없다고 생각되는 기업 통제에 대한 참여를 보장한다는 구체적 문제를 다루는 것이다. 장기적으로 나는 국가나 국가가 설립한 공기업을 통해서든, 기초 지방자치단체나 광역 당국을 통해서든, 협동조합을 통해서든, 대학과 직업 협회 같은 비영리 단체를 통해서든 사회적 소유와 통제의 원칙에 따라 모든 종류의 기업이 운영되는 상황을 고대한다. 단, 자영업자가 고용 노동의 상당한 사용 없이 운영하는 특정한 소규모 경제활동, 예컨대 특정한 전문직 서비스, 일정한 형태의 영세 소매업, 그리고 어쩌면 소농 경작까지는 예외로 둘 수 있을 것이다. 이런 형태의 비-이윤추구적인 혹은 어떤 경우에도 비-노동착취적인 기업 안에서는 상당한 구조적 다양성의 여지가 생길 수 있어야 하며, 국가와 같은 단일 기구의 수중에 기능이 과도하게 집중되는 것을 피할 수 있어야만 한다.

　내가 협업자 지위를 부여받은 노동자-혹은 이 경우에 더 들어맞기로는, 협업자 지위를 부여받지 못한 어떤 노동자- 누구에게나 과거 일자리에서 받았던 수입 그대로 새로운 협업관계에 진입하도록 보장해야 한다고 주장하는 게 아니라는 점을 분명히 하고 싶다. 노동자는 본인이 일하고 있는 직종이나 산업에서 통용되는 임금과 노동 조건-즉, 단체교섭을 통해, 혹은 몇몇 경우에 해당 작업에 대한 국가 중재를 통해 고정된 조건-을 분명히 받아들여야 한다. 높은 성과급 임금을 받거나 특별수당을 받을 수 있는 기업에서 일정 기간 예외적으로 높은 급여를 받았다고 하더라도 유휴인력 문제로 해고가 결정된 노동자가 협업자로 일하길 수락한 새 일자리에서도 이 조건이 그대로 반복되길 요구할 수는 없다. 이런 요구를 받아준다면 일시적인 물질적 행운에 바탕을 둔 특권을 부여하는 꼴이 될 것이며, 이는 비슷한 혜택을 누려본 적이 없는 다른 노동자들에게 분명 부당한 처사가 될 것이다. 협업관계를 바꾸려는 노동자가 공정한 대우를 원한다면, 동료 노동자가 될 이들이 수용하는 조건 외에 새로운 일자리에서 다른 무엇을 요구해서는 안 된다. 그러나 문제는 물론 이처럼 간단하지만은 않다. 협업자 지위를 유지하기 위해 해고 노동자가 받아들이길 요구받을 수 있는 일자리의 종류가 무엇이냐는 어려운 문제가 있기 때문이다. 통상적인 경우에 해고당한 숙련 노동자에게 임금 급감과 지위 추락을 의미하는 단순 노무직을 받아들이라고 요구한다면, 이는 분명 온당하지 않을 것이다. 다른 한편 퇴직 이후 더 이상 과거의 일에는 적합하지 않아서 지위 하락을 무릅쓰고라도 쉬운 일을 지속하길 선호하는 노년 노동자의 경우가 있다.

또한 질병이나 사고 때문에 과거와 같은 작업을 수행할 수 없는 장애 상태가 돼 계속 고용되려면 급여 감소를 받아들여야만 하는 부분 장애 노동자의 경우도 있다. 물론 어떻게든 이 소득 감소분은 공공 재원에서 나오는 장애 수당 형태로 보충되겠지만 말이다. 이런 유형의 사례에 대해서는 이미 축적된 경험이 있으니, 예컨대 광산업의 경우와 임금협의회법(Wages Councils Acts)[21] 아래서 나타난 실례들을 들 수 있다. 이 문제를 해결하는 데는 이 책이 제안하는 새로운 협업자 지위와 관련해 어떤 난공불락의 난점도 있어서는 안 된다. 전혀 역량 손실을 입지 않은 해고 노동자가 받아들이길 요구받는 일자리의 종류에 관한 한 국민보험법(National Insurance Act)[22]이 처음 통과된 이후 직업안정국이 이 문제를 정면으로 다뤘어야만 했다. 노동자의 협업자 지위 개념이 수용되고 입법되면 이 문제는 전부는 아니더라도 어느 정도는 다른 모양을 띠게 될 것이다. 분명히 정의롭다 여겨지는 것은 해고 노동자가 자신이 구직할 수 있는 여러 일자리 중에서 새 일자리를 선택할 기회를 최대한 풍부하게 제공받아야 한다는 것, 그리고 위에 제시한 내용대로 표준 급여를 상회하는 추가 소득뿐만 아니라

21 [역주] 1946년에 영국 노동당 정부가 제정한 노동관계법으로, 산업별 최저임금 도입과 단체협상 장려가 주 내용이다.

22 [역주] 1946년에 영국 노동당 정부가 복지국가 건설을 위해 통과시킨 보편적 사회보장 체계에 관한 법.

표준 급여 자체가 감소하고 지위도 하락하게 될 일자리를 거부할 수 있을 만한 여유를 갖게끔 몇 주 동안에 한해 일정한 한계 안에서(제3장 참고) 이전 수입을 유지하도록 보장받음으로써 생활수준의 급추락으로부터 보호받아야 한다는 것이다. 반드시 정확한 조건이 신중하게 규정돼야 한다. 그리고 이는 노동자의 협업자 지위에 관한 법에 규정될 일반 원칙에 바탕을 두고 노동부와 노동조합이 긴밀히 협의해 정해야 한다. 통상적으로 해고 노동자는 옛 협업관계에서 새 협업관계로 옮기는 중에 과거 일자리에 귀속된 표준 급여뿐만 아니라 몇 주 동안에 한해 과거 수입에 상응하는 액수를 추가로 받음으로써 결국 상당 기간 동안 표준 급여는 넘되 초과근무 수당은 제외된 만큼의 수입을 보장받아야 한다. 이 보충 수입은 초기 몇 주가 지나고 나서는 단계적으로 줄어들 수 있으며, 알맞은 새 협업관계를 찾기 전까지 오랜 시간이 경과할 경우에는 결국 소멸될 수도 있다. 새 협업관계에 진입하게 되면 노동자는 이에 적합한 표준 급여와 수당에 더해 물론 성과급 및 초과근무 수당을 받게 될 것이며, 새 일자리에서 얻는 수입에 비해 높든 낮든 과거의 수입은 전혀 고려 사항이 되지 않을 것이다. 따라서 과거에 특별히 좋은 일자리에 있었던 해고 노동자라면 새 협업관계에 진입하면서 이직에 따른 소득 감소를 겪지 않을 수 없을 것이다(반대로 소득이 더 늘어나는 경우도 물론 있겠지만). 만약 노동자가 새 일자리에 맞는 급여를 제대로 받고 더 나아가 자신의 능력을 충분히 발휘할 수 없는 상대적으로 더 낮은 지위의 일자리를 택하도록 부당하게 강요받지 않는다면, 이런 소득 손실이 발생하더라도 정의에 위배된다고 할 수는 없다. 이보다 더 많이 양보했다가는 유휴인력 판정을 받기 직전까지 예외적인 고임금을 누렸다는 이유만으로 동료 노동자들 위에서 평생 기득권을 누리는 특권 노동자라는 계급이 등장하게 될 것이다. 소득이 더 낮은 일자리로 이직하는 게 불가피할 경우에는 한시적인 보완 수당이 고충 완화책이 될 것이다.

제8장
협업관계와 이주

지금까지 나는 일자리를 옮기는 문제를 논했지만, 해고된 노동자가 일자리뿐만 아니라 주거도 옮겨야 할 것이라는 사실은 언급하지 않았다. 해고된 노동자에게 적합한 새 협업관계를 이제껏 일해온 지역 안에서만 찾아주기란 분명 불가능할 것이다. 노동은 직업 측면뿐만 아니라 지리 측면에서도 이동이 필요하다. 모든 지역에서 고정된 고용 수준을 유지하거나 사망과 퇴직에 정확히 맞춰 신규 고용을 조절하기는 불가능하다. 게다가 다양한 종류의 기술이나 역량을 지닌 노동자들을 위해 절대적으로든 상대적으로든 지역의 노동 수요를 고정시킨다는 것은 더더욱 불가능하다. 노동자는 어느 정도까지는 자신을 가장 긴급하게 필요로 하는 곳으로 이주할 준비가 돼 있어야 한다. 하지만 경제적으로 가능하기만 하다면 노동자가 일자리를 찾아 이주하지 않을 수 없게 만들기보다는 노동자를 위해 일자리를 끌어오는 게 무엇보다 중요하다. 특히 가족 중에 한창 자라는 자녀가 있어서 학교에 다니거나, 견습공이나 '실습생'으로 직업 훈련을 받는- 그리고 어쩌면 지역의 기술학교(Technical Schools)[23]나 산업대학 과정을 밟는- 경우에는 새로운 지역으로 이주해야만 한다는 것이 참으로 고달 픈 일이다. 또한 가족 중에 생계를 책임지는 이가 한 사람만이 아 닌 경우에도 이주는 해고 위험이 전혀 없는 가족 구성원이 일자 리를 잃어 다른 곳에서 새 일자리를 찾아야 하게 되는 사태로 이 어질 수 있다. 오늘날은 이러한 고민이 가족 내 다른 구성원뿐만 아니라 여성 배우자에게도 상당한 정도로 해당된다. 게다가 고용 이나 교육 문제를 논외로 하더라도 이주는 가족 간 접촉, 개인적 인 친교, 지역사회 연계 등을 훼손시킴으로써 심각한 사회적 손 실을 야기할 수 있는데, 해당 인물이 예컨대 지방의원으로서 혹 은 노동조합이나 협동조합 운동을 통해 아니면 교회나 클럽, 지 역 주민조직을 통해 지역사회 활동에 참여해온 경우에는 특히 지역사회 연계가 큰 타격을 입을 것이다. 따라서 비자발적인 이 주에 내몰릴 필요성을 억제하고 해당 지역에서 활용 가능한 노동 의 총량 및 종류에 맞게 지역 내 고용 기회를 계획하기 위해 할 수 있는 모든 조치를 다 취해야 한다. 물론 이는 추가 노동 수요

---

23 [역주] 영국의 중등교육 과정 중 하나. 영국의 중등교육은 엘리트 교육 중심의 인 문계 학교(grammar school), 일반 교육 중심의 현대 학교(modern school, 옛 명칭) 혹 은 종합 학교(comprehensive school), 기술 교육 중심의 기술학교(technical school)로 구성돼 있다.

가 매우 높은 지역에서 주택 부족 때문에 만족스러운 쉼터를 찾기가 극도로 힘들 경우에 특히 중요한 과제가 된다.

현재와 같은 주택 부족 문제가 해결되지 않는 한 다른 문제보다도 특히 주거와 관련해 비자발적 이주가 수반하는 고통이 심각하게 지속될 것이며, 따라서 산업 발전을 계획하면서 이 요소를 충분히 고려해야 할 것이다. 하지만 그렇다고 한창 확장 중인 지역에서는 심각한 주택 부족이 무한정 계속될 것이라거나 노동 수요가 빠르게 증가하는 지역에 주택을 충분히 공급하려고 특별한 조치를 취하기는 앞으로도 불가능할 것이라고 전제해서는 안 된다. 가능한 한 신속하게 지방자치단체가 노동 수요 확대에 발맞춰 충분한 주택을 공급할 책임을 지게 만들어야 하며, 필요하다면 중앙정부가 이를 도울 특별 조치를 함께 추진해야 한다. 또한 특정 지역에서 확장을 계획 중인 산업은 새롭게 고용하려는 이들을 위한 주택을 건설하는 데 적절한 기여를 하도록 규정해야 한다. 물론 과거에 이런 사례가 일부 있었고, 최근 전국석탄위원회가 노동력 추가 유입이 필요한 지역에서 광부들에게 주택을 제공하기 위해 제한된 수준에서나마 특별 조치를 취하도록 압력을 받은 바 있다. 나는 고용 기관에 피고용인의 주거에 대한 책임을 떠넘기도록 규정해야 한다고 주장하는 게 아니다. 회사 전용 주택에 대해서는 강력한 사회적 반대가 있으며, 주거는 직업에 따라서가 아니라 지방자치단체를 통해 제공되도록 규정해야 한다. 그럼에도 회사들이 지역에서 동원할 수 있는 노동력이나 주택 공급에 대한 고민 없이 고용을 늘림으로써 주거 부족 상황을 야기할수 있는 경우에는 이들에게 해당 구역에 새로 들어올 가족의 적절한 정착을 촉진하도록 일정하게 기여할 것을 충분히 요구할 수있다. 특히 전에 농촌이었거나 소읍이었던 곳에 사실상 새로 공단을 건설함으로써 지역에 다양한 새 일자리를 창출하는 경우에는 이런 조치가 무척 유효하다.

필요한 이주의 규모는 내실 있는 발전 계획을 통해 억제할 수 있지만, 그럼에도 구직을 위한 이주가 없을 수는 없다. 새로운 협업자 지위를 얻기 위해 낯선 지역으로 이사해야 하는 노동자라면 이사 및 재정착 비용을 지원하며, 임대료가 적절하면서도 필요를 충족시키는 새 주택을 구하도록 돕고, 이주할 곳에서 지역사회 접촉 기회를 충분히 제공함으로써 새로운 친구를 사귈 수 있도록 도우라고 충분히 요구할 수 있다. 노동자에게는 자녀에게 필요한 교육 시설을 가능한 한 최대로 활용할 수 있길 바랄 권리, 자주 방문하거나 자유롭게 가입할 수 있는 동네 술집·클럽·교회·예배소가 주위에 있길 바랄 권리, 집에서 무엇을 할지나 이를 가족의 필요와 소망에 어떻게 맞춰나갈지에 대해 불필요한 제한이 가해지지 않길 바랄 권리가 있다. 또한 새로운 곳으로 이사하도록 요구받기 전에 현재의 집을 떠나고 싶어 하지 않는 이유를 제대로 검토 받고 고려의 대상이 되도록 요청할 권리, 그리고 스스로 원할 경우에 원래 있던 곳에서 새 일자리를 찾을 적절한 유예기를 요청할 권리가 있다.

이 모든 것의 요점은 자발적 이주는 새로운 경험을 얻고 경제 구조 전반에 탄력성을 부여하는 훌륭한 수단이지만 비자발적 이주는 무엇보다 가족 및 친지 관계의 파괴를 통해 개인 및 가족의 커다란 고통의 원인이자 심각한 사회적 손실의 원인이 될 수 있다는 것이다. 가족을 실제 한집에 사는 부모·자녀·친족의 의미로 사고하는 게 중요하기는 하지만, 요즘은 꽤 많은 이들이 마치 가족에 다른 더 광범한 의미는 전혀 없는 것처럼 말하는 데 지나치게 익숙하다. 하지만 실은 따로 떨어져 사는 친지와의 접촉도 안정감의 중요한 원천이며, 병이 나거나 불운에 빠졌을 때에는 더욱 그렇다. 많은 경우에 이들은 힘든 시기에 달려와 주는 조력자다. 결혼한 딸이 계속 친정어머니 근처에 사는 것 또한 매우 중요하며, 때로는 결혼한 아들의 경우도 그렇다. 이러한 접촉은 먼 곳으로 이사 가면서 방해를 받으며 때로는 완전히 파괴되기도 한다. 따라서 노동자에게 그들의 노동을 원하는 곳으로 옮기는 게 본분이며 '감상적'인 불평은 그치라고 말할 때는 이러한 영향을 충분히 고려해야 마땅하다. 노동자는 소속 산업이나 서비스에서만이 아니라 일터가 자리한 지역의 공동체 생활이라는 측면에서도 협업자로 인정받아야 마땅하다.

제9장
평등과 임금 차이

이 책이 제시하는 제안의 밑바탕을 이루는 일반 원칙과 사상은 다양한 산업과 서비스에 참여하는 사람들 전체가 마치 한 몸처럼 단일한 거대 공동체를 이루며 장애인과 퇴직자 또한 그 일원이고 아직 학교나 대학에 다니는 이들은 그 잠재적 성원이라는 것이다. 또한 각인은 그/그녀가 산업이나 서비스에 참여하는 한 의무뿐만 아니라 권리 또한 인정받는 책임 있는 협업자로 대우받아야 한다는 기본 권리를 동등하게 지니며, 따라서 소속 기업이 더는 해당인의 근무를 원치 않는다는 이유만으로 협업관계에서 쫓겨날 수 없다는 것이다. 우리가 위에서 살펴본 대로, 그렇다고 해서 문제의 기업이 해당인을 무한정 고용하고 업무 태만에 상관없이 임금을 지불해야 한다는 이야기는 아니다. 단지 스스로 잘못을 저지른 경우가 아니라면 기존 협업관계에서 해고된다 하더라도 협업자 지위의 상실 없이 새로운 협업관계로 이전할 권리가 있다는 말이다. 물론 이렇게 권리가 기본적으로 평등하다 하더라도 모든 참여자가 서로에 대해 똑같은 권한이나 권위를 지닐 수는 없다. 정치에서 그리고 삶의 모든 영역에서 그런 것처럼 산업이나 서비스에서도 보다 높은 권위를 부여받은 지도자가 있게 마련이고, 상급 근무 형태에 필요한 능력과 역량에는 일정한 인정이 따라야 한다. 여기에서 제기되는 물음은 이러한 인정이 어느 정도나 보다 높은 지위와 강한 권위, 대체로 좀 더 흥미롭고 유쾌한 작업과 같은 형태만이 아니라 더 많은 급여의 형태로 나타나야 하는가이다.

어쨌든 급여가 노동의 '비효용(disutility)[불쾌]'에 대한 보상이라고 간주하면서 정작 대다수의 유쾌하지 못한 일자리는 급여가 형편없는 게 보통이고 오히려 대다수의 매력적인 일자리는 높은 급여를 받는다는 사실은 기괴하기만 하다. 물론 현실에서 급여는 '비효용'보다는 수행하는 작업의 가치 평가와 관련된다. 이러한 평가는 일부는 전통에서 비롯되며, 일부는 특정한 종류의 기술이 풍부한지 희소한지 여부-이는 다시 교육 시스템의 구조 및 작동의 영향을 상당히 받는다-에 달려 있다. 요 몇 년 사이에 다른 일을 제쳐두고 과학기술자 양성에 매진한 소비에트 연방 같은 나라에서는 뛰어난 과학자와 기술자의 공급을 엄청나게 빠른 속도로 늘리는 게 충분히 가능함을 보여주었다. 다른 나라에서는 의지가 있더라도 똑같은 성과를 이뤄낼 수 없다고 가정한다면, 이는 사리에 어긋난다. 하지만 이런 과업의 비용 중 대부분

-말하자면 초등 교육에 소요되는 비용보다 더 많은 액수-을 어쨌든 공적 재원에서 충당하지 않는다면 이를 실현할 수 없을 것이라는 점은 분명하다. 또한 이렇게 국가나 여타 공공 기구가 인력 양성 비용을 대는 경우에는 고등 교육을 받았다고 해서 훈련과 양성에 투자된 자본의 대가로 높은 급여를 요구할 권리를 주장하기가 더는 불가능하다. 이에 따라 고등 교육 수료자의 고소득을 옹호하는 전통적 주장 중 하나가 힘을 잃는 경향이 있다.

하지만 삶의 모든 영역에서 대다수 사람들의 일반적인 정서는 여전히 근무의 성격과 총량에 따라 달라지는 불균등한 급여를 지지하는 게 사실인데, 그 두 가지 근거는 첫째 모든 직종에서 보다 근면하거나 보다 성취도가 높은 노동자는 이런 측면에서 열등한 이에 비해 충분히 더 많이 받을 만하다는 것이고, 둘째 일부 직종은 다른 직종에 비해 근무의 질 면에서 우월하며 따라서 높은 급여를 받을 만하다는 것이다. 동시에 노동조합 활동가와 많은 전문직 종사자들 사이에서는 모든 임금소득자와 봉급생활자에게 표준 급여를 인정해야 하며 같은 일에 종사하는 이들에게는 모두 이 표준 급여를 최저임금으로서 보장해야 한다는 정서도 마찬가지로 강하다. 이에 따르면 보수의 차이는 작업 수행량에 기반을 둔 성과급이나 비슷한 방식의 여타 급여의 차이-예를 들어 '성과'에 따라 급여를 지급받는 생산직 노동자나 국민보건서비스의 환자 명부에 할당된 인원에 따라 보상받는 의사-에서 비롯되거나 다양한 종류의 작업에 매겨진 가치의 차이-예를 들어 철도에서 기관차 운전사는 수화물 운반인에 비해 높은 평가를 받으며 보다 일반적인 차원에서는 전문직이 생산직이나 일반 사무직보다 높이 평가된다-에서 비롯된다.

불로소득은 용납될 수 없다고 여기거나 어떻게든 이를 매우 적은 수준으로 축소하길 바라는 이들조차 거의 대부분이 위의 두 이유 중 어느 하나를 근거로 근로소득에 차이가 나타나는 데 동의하며, 쟁점은 오직 이러한 차이가 어느 정도까지 정당한가 혹은 필요한가 하는 물음뿐이다. 민주적이라 자처하며 계급 차이의 폐지를 향해 나아가려는 사회라면 어디에서든 이는 분명 중대한 물음이다. 왜냐하면 현 상태에서 모든 직업인의 요구를 만인에게 똑같이 적용되는 단 한 가지 기준으로 판단하는 것은 바람직하지 못하기 때문이다. 의사나 장관 혹은 고위 관료나 과학자의 보수를 정하면서 이들이 하는 일이 공통의 척도로 비교됐을 때 석탄 운반부나 식자공 혹은 항만 노동자나 사무원 혹은 일부 기계화된 직종에 속한 기계 관리공이 하는 일에 비해 얼마나 더 값어치 있는지 따지는 법은 없다. 급여 수준을 정하거나 조정할 때에는 현 상황에서 상대적 소득 수준이 어떠한지에 대한 확인에서 출발하기 마련인데, 이러한 상대적 소득 수준은 대체로 전통에 뿌리를 두고 있으며 또한 대체로 이제는 사라진 사회 상황-예컨대 부모가 학비를 댈 수 있거나 상류 계급이라서 특혜를 받을 수 있는 이들에게만 고등교육 기회가 열려 있는 상황-을 반영하고 있다.

사회가 보다 개방적이고 민주적인 교육 시스템을 향해 나아갈수록 이런 종류의 독점적 특권은 더욱 커다란 도전을 받게 된다. 또한 유권자로서 동등한 권리를 보유했다고 일단 인정받게 되면 자연히 다른 영역에서도 기회의 평등을 실현하려는 움직임이 시작된다. 그 결과는 오직 급여 수준이 높은 일자리가 기존 급여 수준의 하락 없이도 광범한 후보군에 개방되는 것으로 나타나지 않을 수 없다. 그러나 이는 또한 서로 다른 종류의 일들 사이에서 나타나는 격차의 규모에 물음을 제기하고 이제껏 이 정도는 공정하고 정당하다고 생각돼왔던 불평등을 축소하길 원하게 되는 것으로 나타날 수도 있다. 실제로 의사나 기업 경영자의 일이 보통 노동자에 비해 얼마나 더 값어치 있는가 하는 물음은 사회에 필요하고, 그래서 되도록 제대로 수행되기 위해 충분한 인센티브를 허용하는 일자리에 일정한 자질을 갖춘 인자들을 충분히 공급하려면 이들에게 남보다 얼마나 더 많은 급여를 지급해야 하는가 하는 물음으로 바뀌고 있다. 달리 말하면, 모든 노동자가 협업자로서 민주적으로 인정받아야 한다고 요구할 정당한 권리가 있다는 생각이 실현될 경우에 민주적 연대의식을 파괴하지는 않는 것을 전제로 받아들일 수 있는 협업자들 내부의 임금 차이는 과연 어느 정도인가?

이런 물음에는 물론 정답이란 없다. 만족스러운 업무 수행을 이끌어내기 위해 화폐 형태의 인센티브가 계속 필요한 한 이런 인센티브를 제공하기 위해 급여 차이도 지속되지 않을 수 없다. 하지만 이와 같은 차이를 이러한 목표에 정말 필요한 수준으로 제한하는 게 바람직하다는 인식이 점차 확산될 것이며, 다만 사업의 미래 전망이 밝다고 전망되는 경우에만 예외적으로 부하 직원들에 비해 높은 권위와 책임을 동반하는 직위에 있는 이들에게 소득상의 특전을 허용하는 게 바람직하다는 생각이 널리 받아들여질 것이다. 이러한 차등화의 두 근거는 결코 서로 같지는 않아도 분명 상호 연결돼 있다. 왜냐하면 상급 직위에 연동된 높은 급여는 이런 직위로 승진하도록 노력하게 하는 인센티브이면서 동시에 이 직책이 지위가 높음을 보여주는 인센티브로 작동하기 때문이다. 현 상황에서 해당 일자리의 지위를 근거로 더 많은 소득을 달라는 요구는 산업과 여타 직종 내에서 고위직에 있는 이들이 매우 당연한 듯 기대하는 소비 수준을 결정하는 요소가 우리 사회에 존재하는 대규모 불로소득이라는 사실로부터 매우 큰 영향을 받는다. 만약 불로소득이 소멸하거나 매우 축소된다면 근로소득의 차이도 인센티브로서 갖는 영향력을 상실함 없이 매우 실질적인 수준에서 축소될 수 있을 것이다. 최고 소득은 이를테면 현재 공공 서비스의 일부 영역에서 봉급을 받으며 고용돼 일하는 뛰어난 자질의 전문직이 버는 소득보다 높지 않게 감축될 수 있을 것이다. 또한 수혜자가 통상적인 소득을 훨씬 넘어서는 지출 수준을 누리며 살 수 있게 만들어주는 기업의 낭비성 특별 활동 수당과 유사 비과세 급여의 악명 높은 남용도 종식될 수 있게 될 것이다.

고위직에 종사하는 이들에게 적합하다고 간주되는 급여 총액이 기능과 책임의 수준이 다양한 보통사람들과는 비교할 수 없을 정도로 규모 자체가 다른 것은 주로 사적 불로소득의 존재 때문이다. 실제로 많은 종류의 고숙련 생산직은 거의 미숙련인 노동자에 비해 임금 차이가 크지 않으며, 시간급인 경우에는 특히 그렇다. 또한 특별 상여금이나 수당의 지급을 통해 차이가 벌어지는 경우가 많이 있기는 하지만, 여전히 숙련 수준이 더 낮은 노동자보다 별로 더 많이 벌지 못하는 숙련 노동자가 다수 존재한다. 생산직 사이의 이런 미미한 격차와 달리 높은 학식 외에는 별다른 재주를 요하지 않음에도 더 높은 사회적 특권을 수반하는 일자리에 있는 이들은 남보다 상당히 많은 급여를 받는 게 당연하다고 여겨진다. 고등교육 기회가 상대적으로 소수의 계급에 한정되던 시절에 이런 학식의 정도는 계급 지위를 보여주는 지표였다. 이제는 교육 기회를 둘러싼 조건이 크게 바뀌었음에도 불구하고 이런 유형의 일에 더 많은 돈을 지불하는 관행이 잔존한다. 교육 평등의 진전에 대한 맹렬한 반대가 이미 모습을 드러내고 있기는 하지만, 교육 시스템은 앞으로 더욱 변화할 가능성이 높아 보인다. 인문계 중등학교(grammar-school)[24]의 위신에 바탕을 둔 소득 차이를 좁히려는 시도가 성공하리라는 보장은 없다. 이런 유형의 계급 우월의식을 유지하려는 실로 엄청난 노력이 전개되고 있기 때문이다. 하지만 이런 노력을 물리칠 수 있을 만큼 민주주의의 작동이 강력함을 입증한다면 교육이 보다 완전한 무상 서비스가 됨으로써 여러 적성과 역량에 맞춰 모두에게 개방된다면, 그리고 불로소득이 사멸한다면 소득 차이의 폭이 점차 좁혀지리라 충분히 전망할 수 있을 것 같다.

민주주의가 대세인 상황이기에 계급 구별의 점진적 사멸과 함께 보다 우월한 종류의 일을 인정하기 위해 바람직하다고 여겨지거나 인센티브로 필요한 소득 차이 역시 축소될 것이라 충분히 전망할 수 있다. 내 생각에는 이런 이유에 한해 인정되는 소득 차이는 사회적 평등이라는 근본적으로 민주적인 기초 위에 선 노사 협업관계 구상을 수용하는 데, 혹은 노동자 전체를 공동 서비스라는 형제자매적 결속으로 묶어 공동체 정신을 성장시키는 데 방해가 되지 않을 것이다. 이와 같은 조건이 갖춰지기만 하면 개인적 질시와 다툼이 사라질 것이라거나 모든 생산자가 똑같이 이런 기풍 아래 사기충천할 것이라는 이야기는 물론 아니다. 이러한 동기 유발에 반응하는 능력은 사람마다 제각각이다. 무슨 일

24 [역주] 앞의 '각주 23' 참고.

이 벌어지든 세상에는 여전히 정력적인 사람과 무기력한 사람, 성실한 사람과 게으른 사람, 상냥한 사람과 무뚝뚝한 사람, 자부심이 강한 사람과 이기적인 사람, 천성적인 '협력자'와 의심 많은 개인이 있게 마련이다. 그럼에도 작업 수행을 둘러싼 환경은 일반적인 정조(情調)에 커다란 영향을 끼칠 수 있다. 또한 장담하건대 노동자의 지위와 자치(自治) 기회의 진보는 즉각적으로 '노사 관계'의 상당한 진보로 이어질 것이다. 더 많은 노동자가 기꺼이 최선의 노력을 다하게 될 것이다. 게다가 새로운 정신이 작업 집단에 널리 퍼지고 지도력이 보다 훌륭하게 작동하게 되면, 근무 태만자나 만성적 불평꾼조차 실적 개선을 보이게 될 것이다. 해야 할 작업에서 제 몫을 다하지 못하거나 돈에만 관심을 쏟는다면 따돌림을 당하고 '얍삽하다' 여겨지게 될 것이다. '착취당하는' 노동자는 일자리에서 쫓겨나지 않을 정도만 일하면 되지, 그 이상의 책임은 없다고 둘러대며 하루 작업량을 채우지 않거나 게걸스러운 탐욕을 노골적으로 드러낸다면 칭찬을 듣기가 훨씬 더 어려워질 것이다.

말하자면 '산업민주주의'가 사회주의의 필수 부분이라고 말하면서 내가 염두에 두는 것은 상대적으로 심하지 않은 수준에서 소득 차이가 존재하지만 이런 차이가 훌륭한 작업에 대한 화폐적 인센티브의 필요성에 부응하거나 혹은 보다 험난하거나 책임이 큰 종류의 일에 어울리는 보상으로 여겨지기 때문에 정당하고 정의롭다고 널리 받아들여지는 경제 질서다. 물론 이 차이는 별 변화 없이 고정되지는 않을 것이다. 이는 직업 구조의 변화에 따라, 다양한 종류의 일에 매겨지는 상대적 가치 평가의 변화에 따라 변화할 것이며, 지금과 마찬가지로 상대 가치를 어떻게 매겨야 옳은지에 대해 논쟁을 벌일 여지가 여전히 존재할 것이다. 이런 논쟁은 마땅히 계속돼야 한다. 왜냐하면 전문가가 '일자리 평가'의 과학적 방법을 개발해서 예컨대 최고위 기업 관리자, 대학 교수, 일반 주치의,[25] 제빵사, 유유 배달원 그리고 미숙련 노동자나 자동 기계의 단순 조작자 등등의 일에 부여되는 상대 가치를 객관적으로 정할 수 있게 될 것이라고는 믿기 힘들기 때문이다. 일부 영역에 한해 일자리를 여러 구성요소들로 분해해서 상대적 난이도를 좀 더 상세히 기술할 가능성은 앞으로 점점 더 높아질 수 있다. 하지만 이것조차 꽤 힘든 과제다. 모든 직종을 대상으로 한 종합적인 과학적 급여 구조란 사이비 과학에서나 가능할 기적이다.

충분히 실현될 만한 대안은 모든 피고용 개인이 권리를 인정받고 지위를 보장받는 협업자가 되거나 되는 과정에 있고 이런 협업자로서 자신의 노동 생활을 통제－여기에는 자기 노동을 감독

---

25 [역주] 영국의 국민보건서비스(NHS) 체제에서 국가와 계약을 맺고 지역 주민들의 1차 진료를 맡는 의사.

하도록 임명될 사람의 선택, 자기가 속해서 일하는 대면 집단의 노동 조건 결정 등이 포함된다-하는 데 실질적으로 참여하게 되는 경제 질서다. 게다가 이런 경제 질서에서는 모든 노동자가 직접적으로나 아니면 선출된 대표를 통해 자신의 일상 노동에 영향을 줄 가능성이 높은 정책을 다루는, 더 높은 수준의 결정에 참여하게 된다. 많은 노동자에게 이는 별로 대단한 변화가 아닌 듯 보일지 모른다. 하지만 동료들 사이에서 영향력이 높은 많은 이들을 포함한 적지 않은 노동자에게 이는 상당한 의미를 갖는다. 각 산업이나 서비스 내에서는 다양한 직군에 속한 숙련 노동자와 고위직 승진 예비자에게 적절한 훈련이 제공될 것이다. 또한 노동자 대중조직이 이러한 제도의 통제와 계획에서 큰 몫을 담당하게 될 것이다. 훈련 프로그램에는 해고 노동자가 기존 작업장에서든, 같은 산업의 다른 작업장에서든, 아니면 새 작업장에서든 새 기능과 소질을 습득하기 위해 받아야 할 재훈련 관련 내용이 포함될 것이다. 유휴인력 문제에 따른 해고 위협과는 상관없이 새로운 기능 혹은 활동으로 옮기고 싶어 하는 이들을 위해서도 유사한 프로그램이 제공될 것이다. 일자리를 옮기는 과정에서 이주를 할 수밖에 없게 되거나 이를 바라는 이들은 관련된 지원을 받을 것이고, 또한 새 일터 근처에 만족스러운 새 집을 얻도록 도움을 받을 것이다. 노동력의 일부만 상대적으로 안정된 일자리에 있고 나머지 다수는 어떤 기업에도 속하지 못한 채 혹은 어떤 산업이나 서비스에도 속하지 못한 채 일자리를 찾아 떠돌아다니는 거대한 불안정 노동력 현상은 사라지고 이제는 전체 노동자가 필요 및 수요의 변화에 부응하기 위해 여전히 이동은 할지라도 어디에서 고용되든 자기 일에 일정한 통제권을 지니며 임의로 해고될 수 없는 지위를 인정받게 될 것이다. 산업체는 사적 소유로 남아 있는 경우까지 포함해 모두 더 이상 죽은 노동으로서의 자본을 소유한 이들의 배타적 자산이 아니게 될 것이며, 사원을 산업 계획 및 정책 결정에 참여할 권리가 전혀 없는 단순한 피고용 노동자로 다룰 수 없게 될 것이다. 그리고 산업체가 공공 소유로 바뀌는 경우에는 노동자가 단지 사적 주인 대신 공적 주인을 맞이하게 되는 것이 아니라 공공 서비스를 함께 수행하는 협업자로서 완전히 인정받게 될 것이다.

앞에서 나는 완전고용이라는 토대 없이는 이러한 상태를 실현하거나 유지할 수 없음을 분명히 했다. 구직 의사가 있는 모든 노동자에게 다 일자리가 돌아가지 않는 한 내실 있는 협업관계란 불가능하다. 지금까지 나는 완전고용 유지는 정부가 떠맡아야 할 과제이며 오늘날에는 정부가 의지만 있다면 이 과제를 충분히 수행할 수 있는 위치에 있다고 전제했다. 하지만 여기에 의문을 던질 수도 있다. 그렇다면 이런 과제가 과연 어느 정도나 정부의 힘으로 실제 관철될 수 있을지 따져봐야 한다.

제10장
완전고용

한 나라 안에서 완전고용을 유지하려면 일자리 총량이 일할 수 있는 이들의 숫자와 맞아떨어질 만큼 충분히 존재하도록, 또한 일자리가 노동력 공급과 대체로 맞아떨어지도록 보장해야 한다. 필요한 만큼 일자리가 있더라도 남성에 비해 여성 일자리가, 미숙련 노동자에 비해 숙련 노동자 일자리가 노년이나 장년에 비해 청년 일자리가 너무 많거나 너무 적다면, 혹은 필요한 노동력에 비해 어떤 종류의 기능이 부족하거나 너무 넘친다면 여전히 문제가 있다. 현실적인 고용 계획이라면 가용 노동력의 구성을 고려해야 하며, 가능한 경우에는 훈련을 통해 희소 노동력 보충에 대비해야 하고, 필요한 경우에는 새로운 일자리를 위해 특정 직종 노동자 중 유휴인력을 재훈련해야 한다. 전체 노동력 중 상당한 비율을 숙련 노동자로 채워야 하는 산업이나 서비스는 확장 속도에 한계가 따르며, 제품 수요가 감소하거나 수요의 충분한 증가 없이 생산성이 증대하는 상황에 맞춰 재빨리 감축 조치를 취하기도 쉽지 않다. 그래서 급속한 산업화 과정에 있는 나라에서는 숙련 노동자 부족 때문에 잠재력에 못 미치는 발전의 심각한 한계에 부딪힐 수 있으며, 훈련 프로그램의 확대를 통해서만 이를 해결할 수 있다. 하지만 이 해법은 교관 역할을 할 만한 능력을 지닌 사람들의 부족 때문에 다시 벽에 부딪힐 수 있다. 소비에트 연방의 신속한 산업 발전은 기술 훈련과 과학기술 교육의 엄청난 성장이 없었다면 불가능했을 것이다. 또한 농업 생산에 심각한 역효과를 끼치지 않으면서 공업에 유입된 거대한 농촌 잉여인구가 없었더라도 이는 불가능했을 것이다.

하지만 어쨌든 이미 고도의 경제 발전을 달성한 나라의 최우선 필요조건은 사람들에게 돌아갈 일자리 총량이 충분해야 한다는 점이다. 피고용자들이 생산할 재화와 서비스에 대한 수요가 어느 정도인지에 따라 총 일자리 수가 결정된다는 것은 분명한 사실이다. 그리고 수요는 넓게 보아 세 가지 흐름으로 구성되니 국산 소비재와 서비스에 대한 국내 수요, 국내에서 사용되는 자본재(나 군비軍備) 수요, 소비재와 자본재를 포함한 수출 수요가 그것이다. 이 세 수요의 합이 곧 한 나라 노동자의 경제활동에 대한 총수요다. 하지만 이러한 수요를 충족시키려면 이들 노동자에게 필요한 만큼의 연료와 원자재-이 중 일부는 수출품과 교환하거나 외국인이 부채를 상환하는 형태로 수입돼야 한다-가 공급돼야 한다. 또한 필수 자본재도 공급돼야 하는데, 그중에도 수입 품목이 존재한다. 이런 종류의 수입에 어느 정도나 의존하는지 혹은 국내 공급을 보완하기 위해 소비재 수입에 얼마나 의존하는지는 나라마다 크게 다르다. 수입에 보다 의존할수록 수입 대금을 지불하기 위해 수출도 더 늘어나야 한다. 따라서 수출 실적이 충분하지 못하면 해당국이 경제를 재조정해서 수입품 공급에 대한 의존도를 줄이지 않는 한 모든 가용 노동력이 계속 고용되는 데 필요한 수입 규모를 유지하기 힘들어지거나 거의 불가능하게 된다.

말하자면 완전고용 상황은 소비재 및 서비스에 대한 국내 수요와 자본재에 대한 국내 수요의 총합이 충분한 수준이 아니어서 무너질 수도 있고, 아니면 수출이 줄어 국내 고용 유지에 필요한 원자재나 연료의 수입 혹은 자본재 수입을 줄이지 않을 수 없게 돼 무너질 수도 있다. 수출 총량이 부족함에도 수입을 유지하려는 노력은 국제수지 적자로 이어지며, 이는 금이나 외환 보유고를 줄이거나 해외에 투자한 자본 자산을 매각해야만 메꿀 수 있다. 그런데도 만약 국제수지 적자가 계속된다면 대금 상환의 이 두 가지 수단은 곧 밑바닥을 드러낼 것이며, 문제의 국가는 고용 수준 하락을 감내하면서까지 수입을 줄여야만 하게 될 것이다. 물론 해당국은 자국 화폐로 표시된 가격을 낮추거나, 아니면 통화를 평가절하해 해외 구매자 화폐로 표시되는 비용을 낮춤으로써 수출을 필요한 만큼 확대하려 시도할 수 있다. 그러나 이 두 경우에 국제수지 적자를 줄이기 위해 달성해야 할 수출량이 수출품 가격 인하 때문에 증가할 것이며, 다른 나라도 경쟁 수출품 가격을 인하해 선례를 따르거나 자국 통화를 평가절하해 이전의 상대 가치를 회복할 수 있다. 한 나라의 수출은 다른 나라들이 경제난을 겪어 수입을 줄일 수밖에 없게 되면 대체로 감소할 가능성이 높다. 그리고 이런 환경에서는 가격을 인하한다고 하여 구매를 늘리는 효과를 볼 수 없다. 이런 조치가 효과를 볼 가능성이 높은 것은 다른 나라들이 경기가 좋아 수입 수요를 높은 수준으로 유지하는 경우, 그리고 해당국 수출의 감소가 다른 나라들의 경쟁 수출업체와의 가격 경쟁에서 밀렸기 때문인 경우이다.

물론 영국은 수입에, 특히 식량, 석유, 원자재 혹은 부분 가공 원자재 수입에 고도로 의존한다. 따라서 수입 필요성의 증가에 비례하는 수출 확대의 실패나 수출품 판매 역량의 쇠퇴에 매우 취약하다. 최근 영국은 식료품 수입 필요성을 줄이기 위해 대규모 보조금 지급을 통해 농업 산출을 높은 수준으로 유지하지 않을 수 없었고, 국내 시장의 수요를 제대로 충족시키지 못하는 부담을 감수하면서까지 공업 산출을 최대한 수출해야 한다는 압박을 심하게 받았다. 최근 영국의 국제수지 적자는 부분적으로 이러한 압박이 이완된 데서 비롯됐는데, 덕분에 제조업체들은 보다 많은 제품을 국내에서 판매해 더 많은 수익을 거두거나 해외 판매에 비해 말썽을 줄일 수 있게 됐다. 국제수지 적자의 다른 일부는 특정 국가-특히 서독-가 빠르게 산업을 복구해 세계 수출 시장의 경쟁자로 떠오른 데에서 연유했지만, 또 다른 일부는 미래 대비용으로 재고를 비축하려고 수입 원자재를 사재기한 것이 원인이었다.

하지만 근본적인 난점은 소비재 및 서비스 총수요와 자본재 총수요의 합이 그 공급에 필요한 가용 자원 규모를 상회하거나 시장에 어떻게든 실제 공급된 재화보다 훨씬 많다는 점이었다. 소비자와 투자 기관 그리고 둘 사이에 낀 정부는 국내에서 생산된 것보다 더 많은 재화 및 서비스를 구매하려 했고, 그러는 가운데 둘 다 수입 증가와 해외 판매용 재화의 양적 제한을 요구했으며, 그 결과 가격 상승 경향이 나타났으니 이는 근본적으로 인플레이션을 유발하는 현상이었다. 최근의 '신용 제한'[26]과 보수당 정부가 취한 여타 조치는 대출을 영리기업으로 제한하고 할부구매 제도를 적용할 뿐만 아니라 보조금 철폐를 통해 소비자 구매력을 제한하고 임금 인상을 막으며 주택 임대료를 인상하는 등 다양한 방식으로 국제수지 균형을 회복하려는 시도의 일부였다. 보수당 정부는 전후 노동당 정부가 사용했던 영리기업의 직접 통제를 계승하지 않으면서 이러한 조치를 추진하려 했고, 그러면서 이들 기업의 세금 부담을 줄여주었다. 이런 조처의 결과가 가난한 계급에게 전반적으로 불리하다는 데는 의심의 여지가 없었고, 이

26 [역주] 위 '각주 2' 참고.

에 따라 강력한 저항이 야기됐다. 주거와 국영 산업 영역의 의도적인 공공 투자 삭감과 '신용 제한'은 실제로 일정한 효과를 내서 최근 국제수지가 개선됐고-만족스러운 상태로 회복됐다고 하기는 힘들지만-, 이는 지금까지는 실업 급증으로 이어지지는 않았다. 왜냐하면 특정 산업에서 발생한 '유휴인력'은 이러한 요인에서 비롯된다기보다는 주로 국내 판매 급증에 따라 생산 설비를 과도하게 확장한 뒤에 곧바로 해외 시장을 상실한 데에서 기인하기 때문이다. 이러한 설비 확대는 아주 최근까지도 정부 정책이 적극 촉진한 것이었고, 제대로 점검된 적도 없다. '신용 제한'과 꽤 최근의 여타 조치들은 이제는 국내 수요 급락의 원인 중 하나가 돼 있으며, 결국 자동차 산업의 어려움에 한몫했다. 하지만 자동차 산업의 가장 심각한 곤란은 이러한 문제보다는 해외 시장을 독일과 여타 외국 생산업체에 빼앗긴 데에서 원인을 찾아야 한다.

현 정부 정책 노선 아래서는 적어도 대출과 투자를 엄격히 제한하지 않고서는 국제수지 균형을 보장하기 무척 어려우며, 급기야는 소비자 구매력을 제한하고 자본재 투자를 감축함으로써 심각한 실업난을 초래하는 수준까지 대출과 투자를 제한해야만 하게 될 것이다. 소비자 구매력 제한과 자본재 투자 감축 모두 매우 심각한 문제다. 구매력 위축은 저소득 소비자의 경우에 특히 명백한 위험이 되며, 이것이 바로 정부가 최근에 취한 조치 다수가 몰고 온 결과다. 투자 위축은 장기적으로 훨씬 더 심각한 문제이니, 왜냐하면 지금 영국 산업은 석탄과 전력처럼 당장 결핍 사태가 나타나고 수요가 급증하는 영역에서 산출량을 증대하며 생산 방식을 철저히 현대화하기 위해 엄청난 대규모 투자를 필요로 하는 상황에 있기 때문이다. 자동화와 여타 새로운 방식을 도입해 더 저렴하면서도 고도로 발전한 생산으로 나아가고자 한다면 보다 광범한 영역에 엄청난 대규모 투자가 필요하다. 만약 충분한 규모로 투자가 이뤄지지 못하면 수출 시장을 급속히 상실할 것이며 국제수지는 계속 적자를 볼 것이다. 게다가 주택 건설뿐만 아니라 도로, 학교, 병원 및 여타 '서비스' 자본재 공급에서도 여전히 엄청난 액수의 투자 계획 미집행분이 있다. 수출이 더 늘고 소비재와 서비스가 더 늘어야 하는 만큼이나 투자도 줄기는커녕 긴급하게 더 늘어나야 한다. 이러한 필요는 분명 총생산의 급증을 통해서만 충족될 수 있다. 하지만 국제수지 개선을 위해 투자나 소비에 가해진 제한은 총산출을 늘리는 게 아니라 오히려 줄이는 효과를 낳는다. 필요한 것은 자본재나 소비재 및 서비스를 위해 수요를 전반적으로 줄이는 게 아니라 가장 긴급한 필요에 우선순위를 부여해 모든 가용 자원을 완전히 활용할 계획을 수립하는 것이고, 생산 자원 부족 때문에 소비재나 투자를 줄여야 할 경우에 공동체가 그나마 결핍을 쉽게 참고 버틸 수 있는 항목 중심으로 감축하는 것이다.

국제수지와 관련해 어려움을 겪는 나라-예를 들면 미국은 이런 나라가 **아니다**-라면 완전고용 경제를 이루기 위해 계획 경제가 필요하며, 이를 통해 가장 긴급한 필요에 우선순위를 부여하고 사치성 지출이나 이에 따른 투자 혹은 급하게 필요하지 않은 것이나 군비 생산에 자원을 낭비하는 일을 단호히 줄여야 한다. 게다가 이런 경제는 수입, 특히 특별한 지불 문제를 수반하는 원료-예컨대 달러로 결제되는 원료-의 수입에 대한 의존을 줄이기 위해, 그리고 생산자 소득-이를 유지하고 늘리는 데 완전고용의 쓸모가 있는 것이다-에 역효과를 끼치지 않는 한 모든 수단을 써서 생산 비용을 줄이기 위해 할 수 있는 모든 조치를 취해야 한다. 실로 경쟁적인 국제무역 상황에서는 세계 시장의 경쟁자들에 비해 생산비가 높아지는 수준까지 노동자 소득을 늘릴 수는 없다. 이런 이유 때문에 자국 상품의 생산비나 판매비를 늘리는 온갖 종류의 낭비와 비효율을 줄이기 위해 정신을 바짝 차려야만 한다.

흔히 완전고용을 해치지 않고 피고용자에게 지급할 수 있는 소득의 한계가 어디까지인지에 대해 오해하곤 한다. 이는 이윤 수준과는 별다른 관계가 없다. 실제 고임금과 고이윤은 어느 정도까지는 공존할 수 있다. 이는 해외 생산업체의 경쟁 제품에 매겨진 가격 및 비용과 직접 관련된다. 왜냐하면 가격이 너무 높으면 수출 산업이 해외 시장의 가격 경쟁력을 상실할 수 있으며, 반대로 효과적인 보호 정책이 존재하지 않을 경우에 내수 중심 산업이 국내 시장을 상실할 수 있기 때문이다. 말하자면 생산성이 높은 경우에 소득이 덩달아 높아질 수 있다 하더라도 경쟁 시장에서 영업하는 산업은 경쟁자에 비해 훨씬 높은 비용을 감당할 수는 없다. 이 조건은 노동비용이 총비용에서 차지하는 비중이 크든 작든 상관없이 영향을 미치지만, 노동비용이 총비용에서 상당한 비중을 차지하는 경우에 특히 임금소득에 커다란 영향을 끼친다. 따라서 정부의 완전고용 유지 능력은 노동비용이 높은 경우에 심각하게 흔들릴 수 있다. 왜냐하면 수출 산업의 고용에서 방출된 노동자들이 다른 곳에서 일자리를 얻는다 할지라도 수출 감소가 국제수지에 영향을 끼쳐서 모든 가용 노동력의 고용을 유지하는 데 필요한 만큼의 수입에 대금을 지불하기가 어려워지거나 아예 불가능해질 것이기 때문이다. 이런 환경에서 완전고용은 기존 생활수준을 유지하는 데 필요한 다른 수입을 줄임으로써만—아니면, 달리 말해 실질 소득 감소를 통해서만— 유지될 수 있을 것이다. 왜냐하면 사치재 수입 제한만으로는 간극을 메울 수 없을 것이기 때문이다. 이에 따라 노동자는 고이윤 덕분에 고용주가 더 많은 임금을 지급할 수 있다고 믿지만, 고용주는 임금을 올리다 보면 해외 경쟁자들에 비해 비용이 높아져 시장 경쟁력을 잃게 될 것이라고 믿는 상황이 나타날 가능성이 높다. 높은 이윤을 거두는 기업은 이윤 폭을 줄여서 가격을 인하할 수 있겠지만, 능률이 떨어지는 대다수 기업은 이런 위치에 있지 못하며 따라서 노동자를 해고하거나 문을 닫을 수밖에 없을 것이다. 따라서 자본주의 기업이라는 조건 아래서 노동조합이 실업을 야기하지 않으면서 고소득을 주장하는 데는 피할 수 없는 한계가 있으며, 이와 병행해 생산성이 충분히 상승해야만 이 요구를 실현시킬 수 있다. 또한 노동조합이 만약 완전고용 유지를 원한다면-노동조합은 그럴 수밖에 없으니 그 역량이 완전고용에 크게 의존하기 때문이다- 다른 일자리 유형에서 흡수할 수 있는 것보다 더 많은 수의 실업을 야기하지 않으면서도, 그리고 노동조합이 요구하는 생활수준에 맞춰 완전고용을 유지하는 데 필요한 수입 규모를 유지할 경제 전반의 역량을 침해하지 않으면서도 임금 인상을 압박할 수 있는 한계선이 어느 정도인지 찾아내야만 한다. 사적 이윤 추구가 사라지고 모든 주요 수출 산업이 공적 소유와 통제 아래 놓인다 하더라도 이러한 한계는 비록 그 작동 방식이 좀 달라지기는 하겠지만 없어지지는 않을 것이다. 왜냐하면 공기업은 공적 재원으로부터 보조금을 지급받아야 손실을 보면서도 영업을 계속할 수 있고, 이에 필요한 보조금은 세금으로 충당할 수밖에 없는데 그중 일부는 어쨌든 임금소득자로서든 아니면 소비자로서든 노동자 자신의 부담이 될 것이기 때문이다.

지금까지 나는 완전고용과 국제수지의 관계라는 문제 전반을 전면에 제기했는데, 왜냐하면 이 문제가 정부가 항상 충분한 일자리 공급을 보장하는 과정에서 겪는 주된 난점을 보여주기 때문이다. 국제무역 없이도 유지될 수 있는 자급자족 경제라면 이런 어려움이 존재하지 않을 것이다. 그리고 정부가 적절한 조치를 취하기만 한다면 투자, 군비, 소비, 이 세 요소의 총합에 사용할 충분한 지출 능력을 보장해 모든 가용 노동력을 위한 수요를 창출함으로써 고용을 필요한 수준만큼 유지하는 것이 충분히 가능할 것이다. 이에 따라 전국적 경제 계획의 관점에서 바람직하다고 결정된 모든 투자에 충분한 신용이 제공되게끔 보장될 것이고, 동시에 소비자와 투자자 모두 필수 총수요를 창출하기에 충분한 현금을 지니도록 과세 수준이 조정될 것이다. 덧붙여 소비 수요와 자본재 수요를 놓고 수요 전반의 바람직하고 계획적인 분배를 실현−군비와 함께 공공 기관의 소비 수요와 자본재 수요를 검토하는 과정은 그 전에 이미 이뤄져야 한다−하기 위해서도 세금은 조정돼야 할 것이다. 게다가 국가는 소비나 투자에 대한 민간의 지출 패턴이 계획상의 총량에서 벗어나는 것을 교정하기 위해 국가 자신과 공공 기관의 지출을 조정할 태세가 돼 있어야만 할 것이다. 이는 물론 복잡한 과제다. 그리고 이런 계획이 작동하려면 경제 운영에 대해 지금 존재하는 수준보다 혹은 사회주의 정부가 아닌 경우에 수용할 수 있는 어떤 수준보다 훨씬 더 강력한 통제가 필요하다. 만약 이를 실제 시도하게 된다면 계획 당국은 분명 잘못된 판단을 내리는 일이 전혀 없을 수는 없을 테고, 애초의 결과를 달성하자면 교정 과정이 뒤따라야 할 것이다. 그러나 자급자족 경제라면 정부가 사태가 악화되기 전에 적절한 교정 작업을 시행하기 위해 필요한 힘으로 무장하고 그럴 의지를 갖추는 게 그렇게 어렵지는 않을 것이다.

하지만 영국은 자급자족 경제도 아니고 앞으로 그렇게 될 수도 없다. 또한 완전고용을 이루는 비용이 수출에 끼치는 효과 측면에서 경쟁자들에 비해 지나치게 높거나, 혹은 그렇지 않더라도 시장 확보를 위해 의존해야 하는 나라들이 심각한 불황에 빠진 탓에 정부가 아무리 선의로 가득 차 있더라도 완전고용을 유지하기가 극도로 힘들거나 심지어 불가능하게 되는 환경이 등장할 수 있음을 인정해야 한다. 완전고용은 세계 시장에서 일부 주요 국가가 완전고용을 이루지 못하는 상황보다는 모든 혹은 대다수 국가가 이를 유지하는 데 성공하는 상황에서 훨씬 더 쉽게 유지된다. 왜냐하면 어떤 나라가 경제적 곤란에 처할 경우에 대개 여기에서 빠져나오려는 첫 번째 시도는 수입을 가능한 한 최대로 줄이는 것이고, 이런 일이 벌어지게 되면 가장 경쟁력이 높은 가격에 수출품을 내놓아도 거의 허사일 수 있기 때문이다. 관련국 정부들은 할당제나 금지 조치를 통해 수입을 제한할 수 있으며, 설령 그렇게까지는 하지 않더라도 자국 시민이 수입품을 구매하는 데 필요한 외환의 공급을 제한함으로써 수입품 구매 가능성을 줄이는 조치는 취하지 않을 수 없을 것이다. 어느 나라가 완전고용에서 일탈하든 이는 그 나라가 세계 시장에서 차지하는 중요성과 일탈의 정도에 비례해 다른 나라들의 수출 산업에 불황을 낳으며, 이들 국가의 정부는 자국 국제수지를 방어하기 위해 수입을 줄여야 하는 상황에 처하게 된다. 이들은 어느 정도는 자국의 경제 역량—불황 전의 국제수지 상황과 외환 보유고 규모—에 따라 국내 시장에 추가 수요를 제공하거나 때로 추가 수입을 추가 수출과 맞교환할 준비가 된 다른 국가들과 양자 협정을 맺음으로써 수출 산업의 일자리 감소에 대응할 수 있다. 그러나 이런 방식으로 수출 시장 불황을 상쇄하는 역량에는 한계가 있으며, 이런 역량을 활용하더라도 1930년대에 발생한 것과 같은 전 세계적 규모의 불황이 자국 경제에 끼치는 영향을 차단할 수는 없다. 그렇다고 할 수 있는 일이 아무것도 없다는 말은 아니다. 다만 실업과 불황에 내몰린 세계에서 완전고용을 유지하기란 일국의 힘의 한계를 넘어선다는 이야기다.

특히 미국은 현재 세계 경제 문제에서, 아니 정확히는 소련의 지배나 영향 아래 있지 않은 진영의 문제에서 사령탑의 위상을 점하고 있기에 만약 미국 경제가 1930년대 초 상황의 절반쯤만 심각한 불황에 빠지더라도 자본주의 세계 전반에 그 영향이 확산되는 것을 막기란 불가능하다. 미국에 훨씬 약한 불황이 발생하더라도 현재 미국의 원조에 의존하거나 미국 시장에 의존하는 모든 나라가 커다란 어려움에 빠질 것이다. 다행히도 미국은 이런 불황이 일어나는 것을 막거나, 아니면 일어나더라도 어쨌든 이를 교정하는 능력 면에서 자본주의 국가들 중 가장 잘 준비된 나라다. 왜냐하면 미국 경제 역시 자급자족은 아니어도 금융 측면에서 매우 막강한 위치에 있을 뿐만 아니라 서유럽 국민경제들에 비해 수출에 훨씬 덜 의존하고, 수출이 위축될 경우에 해고 노동자들을 다른 일자리로 옮기고 상당 기간 동안 수입을 높은 수준으로 유지할 여력이 충분하기 때문이다. 그래서 미국은 다른 나라에서 시작된 불황의 영향을 꽤 쉽게 막을 수 있다. 하지만 불황이 다름 아닌 미국 국내에서 시작되고 미국 정부가 이를 교정할 필수 조치-예컨대 신용 팽창, 정부 지출 증가, 필요한 경우에는 이와 병행한 감세-를 취하는 데 실패하는 경우에는 다른 자본주의 국가들의 정부가 속수무책이 되거나, 아니면 자국 경제에 끼치는 영향을 어떻게든 완화하는 것 외에 할 수 있는 일이 없게 될 것이다. 따라서 미국의 국내 불황 위험이 계속 존재하는 한 영국 정부의 힘만으로 혹은 미국 경제에 의존하는 다른 정부의 힘만으로 완전고용을 무조건 유지하기란 불가능할 것이다.

이런 조건을 전제하기만 한다면 영국이든 아니면 다른 어떤 나라든 정부에게 완전고용을 최우선 정책 목표로 채택하라고 주장하고, 또한 정부 권한 내에 있는 적절한 수단을 통해 이를 실현할 수 있음을 인정하라고 주장하는 것은 충분히 정당하다. 또한 노동자들이 완전고용 실현이 정부의 임무이며, 이를 촉진하는 방향에서 경제를 조직하라고 요구하고, 완전고용이 실제 유지된다는 전제 아래 노동자를 국민경제의 완전한 협업자로 인정하라고 요구하는 것 역시 충분히 정당하다.

제11장
결론

이것으로 내 제안에 대한 설명을 마친다. 다들 이 제안이 일반적인 인간 본성에 대한 잘못된 평가에 바탕을 둔 실현 불가능한 이상주의의 편린이라고 이야기하리라 충분히 짐작할 만하다. 그러면서 대다수 남성과 여성은 자신이 일하는 기업 안에서 진짜 협업자로 대접받을 만한 자격이 없다고들 이야기할 것이다. 만약 이게 진실이라면, 그리고 그들이 이런 자질을 갖추려면 앞으로 넘어야 할 산이 너무나 많다면 나는 인류의 미래가 참으로 비참하다고밖에는 말할 수 없겠다. 왜냐하면 민주적으로 조직된 사회라면 피고용 노동을 하는 보통사람들에게 강압적 수단을 사용해서는 결코 작업 수행 집단의 공동 실천을 통해 정해진 속도에 따라 일하도록 유도하거나 스스로 좋아서 일하는 경우보다 더 열심히 혹은 훌륭히 일하도록 만들 수 없을 것임이 명약관화하기 때문이다. 강압적 환경은 민주주의와 조화를 이룰 수 없다. 왜냐하면 이는 공포에, 즉 상급자에게 처벌당하리라는 공포나 어느 정도 비슷한 다른 일자리를 찾는다는 보장도 없이 일자리에서 쫓겨난다는 공포에 바탕을 둘 수밖에 없기 때문이다. 지금껏 우리나라의 산업은 신속하고 그럴싸한 작업 수행을 위해 이런 공포에 크게 의존해왔다. 물론 오직 이 수단에만 의존했다고 주장하는 것은 아니다. 많은 부문에서 이에 더해 유인책-성과급제 및 이와 유사한 임금 시스템, 특별 수당 혹은 다른 곳에서 제공되는 것보다 우월한 고용 조건-을 사용했다. 그리고 이 중 다수는 회사에 대한 충성심을 불러일으키고 노사 관계를 양호하게 만드는 데 일정하게 기여했다. 그럼에도 이 모든 유인책 이면에는 새로운 일자리를 찾을 수 없거나 이전보다 못한 일자리를 받아들여야 하는 상황에서 해고되고 지위를 상실할지 모른다는 공포가 자리했다. 하지만 최근 이 공포는 완전고용 상황 탓에 칼날이 무뎌지는 바람에 위력을 상당히 잃고 말았다. 만약 이제 우리가 완전고용을 유지하기로, 완전고용 유지를 위해 정부가 할 수 있는 모든 노력을 다하기로 결의한다면 그 필연적 결과를 받아들일 각오가 돼있어야 하는데, 그중 하나는 실업의 기억이 사라질수록 해고의 공포가 점점 더 힘을 잃을 것이라는 사실이다.

그렇다면 우리는 노동자의 공포를 자극하지 않으면서 생산성과를 높일 방안과 수단을 찾아내야 한다. 그리고 그 유일한 길은 보통사람들이 자발적으로 최선을 다하도록 설득하는 것이다. 그들이 민주적 산업 시민권을 실감하지 못하는 상황에서 과연 이를 기대할 수 있겠는가? 반대로 내가 이 책에서 권고한 대로 산업을 운영하고 통제하는 과정에 참여하는 협업자 지위를 인정받을 경우는 어떻겠는가? 나는 다른 길은 없다고 확신한다. 물론 내가 제안한 방안이 애초에 기대한 반응을 이끌어낼지 **증명**할 수는 없다. 결과는 오직 이 모험을 감행함을 통해서만 확인할 수 있다. 하지만 내가 다음과 같은 물음을 던지는 것은 결코 주제넘은 짓이 아니다. 민주적인 생활 방식을 정말 신뢰한다면 다른 어떤 대안이 있을 수 있겠는가?

사람은 '협동심(team spirit)'-각자가 자기만을 위하지 않고 작업 수행에 대한 공동 책임감을 갖는-이라 불리는 바를 통해 사기가 진작될 때에 최선을 다한다는 데 동의하지 않는 이는 없으리라 믿는다. 이런 협동심을 불러일으키려면 대개 지도자가 필요하다. 그리고 어떤 이들은 자기가 감독하고 지휘하는 집단 안에서 다른 이들보다 훨씬 더 훌륭하게 이러한 집단 정서를 고취한다. 이런 천부적 자질을 지닌 지도자를 책임 있는 지위에 앉히는 가장 유망한 방안은 위로부터 선발된 지도자를 강요하는 것이 아니라 작업 집단 구성원들이 해당 업무에 필요한 기술적 자격을 갖춘 이들 사이에서 스스로 지도자를 선출하는 것이라고 나는 주장한다. 물론 어떤 방법을 채택하든 실수는 있을 수 있다. 그러나 동의 없이 지도자를 내리꽂을 때보다는 민주적으로 선출할 때에 실수가 줄어들 것이라고 나는 믿는다. 게다가 나는 지휘를 받는 이들이 직접 지도자를 선출할 경우에 좋은 지도자가 더욱 훌륭하게 능력을 발휘할 것이라고 믿는다. 보통의 지도자도 십중팔구 마찬가지일 것이며, 심지어는 나쁜 지도자라 해도 그러할 것이다. 지도자의 재능을 전혀 타고 나지 못한 인물을 좋은 지도자로 만들 수는 없다는 점에는 동의한다. 하지만 이런 인물이 선출되는 경우가 무척 많으리라는 주장에는 결코 동의하지 않는다. 지도할 줄 모르는 사람 밑에서 일하는 것은 그야말로 불쾌한 경험이다. 그리고 만약 내 계획이 도입된다면 무능력자는 대부분 곧 퇴출될 것이라 본다. 물론 처음에는 여러 실수가 있을 것이다. 가령 말만 잘하는 이들이 지도자로 선출되는 사례가 많을 것이다. 그러나 이런 이들 아래서 일한 경험이 최고의 교사가 될 것이다. 그러다 보면 실수는 그리 오래지 않아 정정될 수 있을 것이다.

민주주의도, 평등도 모두 의미가 다양한 단어다. 따라서 민주주의나 평등을 한 가지 의미로만 한정하려는 것은 헛된 노력이다. '민주주의'라는 말을 순전히 정치에만 적용하려 하고 인간사의 다른 영역에 적용할 수 있음을 부정하려는 이들이 있다. 아마도 이런 이들은 미국이나 오스트레일리아에서 영국보다 계급 구별－특히 세습에 따른 계급 구별－이 덜 느껴지는 것이 어느 정도는 이들 나라의 민주주의 덕분임을 부정할 것이다. 하지만 이러한 보다 관대한 사회적 혼합이 미국과 오스트레일리아 생활 방식의 진정 민주적인 특징임은 분명한 사실이다. 어쨌든 나는 계급을 넘어선 교류의 용이함과 관련된 뭔가를 뜻하는 말로 '민주주의'를 사용한다. 그리고 나는 여기에 내가 믿는바 '평등'의 한 요소가 있다고 믿는다. 왜냐하면 '평등'은 소득이나 소유의 평등만을 의미하지 않기 때문이다. 아니, 만약 격차가 사람들이 상당히 평등한 조건에서 사회적으로 협력하지 못하게 방해할 만큼 크지만 않다면 평등이 꼭 소득이나 소유의 평등을 의미하지 않아도 된다. 진정 배척돼야 할 것은 상호 대등한 교류를 파괴할 정도로 큰 부의 격차, 권리와 의무의 참된 상호 의존 관계를 방해할 정도로 광범해진 지위의 차이다. '평등'의 가장 중요한 근저에 있는 것은 만인에게 개방된 교육 기회이고, 시민권의 정치적 측면뿐만 아니라 일상의 노동 및 서비스 활동에서도 성인들의 삶에 제공되는 협업자라는 만족스러운 지위다. 이러한 핵심적 평등을 향해 전진하려면 지금껏 우리가 고위 기술자든 전문직이든 숙련 노동자든 미숙련 육체노동자든 가능한 한 모든 종류의 임금-봉급 소득자에게 적용되는 공통 기준에 따라 소득에 관한 요구를 평가하고 교육에서 계급 특권을 폐지하며 이뤄낸 성취보다 더 멀리 나아가야 한다. 이 두 가지 성취에 더해 우리는 근본적 지위 문제와 씨름해야 하며, 보통의 남성과 여성을 마치 그/그녀가 매일 근무하는 작업 공동체에 제대로 소속될 권리가 없는 듯 다루는 상황을 끝내야 한다. 오늘날 정치 영역에서 우리 모두는 투표할 권리를 지닌 시민이다. 그렇다면 우리의 동료 인간에 대해 서비스를 제공하고 생산을 담당하는 영역에서는 왜 우리 모두가 정치 영역과 마찬가지로 시민이어서는 안 되는가?

민주적 사회주의와 산업민주주의,
두 세기의 모색과 21세기의 과제

이 책은 길드사회주의의 주창자로 잘 알려진 G. D. H. 콜George Douglas Howard Cole(1889~1959)이 만년에 집필한 팸플릿 성격의 저작 *The Case for Industrial Partnership*(London: Macmillan, 1957)을 완역한 것이다. 본래 제목을 그대로 옮기면 '산업 동반자관계론'이나 '산업 협업관계론'쯤 되겠지만, 국역본 제목은 이 책의 핵심 주장을 뽑아 'G. D. H. 콜의 산업민주주의'라고 달았다. 또한 콜이 본래 붙인 제목을 '노동자를 협업자로 인정하라'로 풀어서 부제로 삼았다. 실은 'G. D. H. 콜의 산업민주주의'라는 국역본 제목에 이 책을 우리말로 옮기게 된 주된 문제의식이 고스란히 담겨 있다. 본래 좁쌀한알 출판사에서는 역자에게 영국 산업민주주의의 궤적과 고민을 접할 수 있는 고전을 소개하자고 제안했다. 이런 고전이라면 가장 먼저 떠오르는 저작은 단연 비어트리스 웹(Beatrice Webb)과 시드니 웹(Sidney Webb) 부부가 함께 쓴 『산업민주주의(Industrial Democracy)』(1897)다. 웹 부부는 영국 노동조합운동의 역사를 정리한 『영국 노동조합운동사(History of Trade Unionism)』(1894)를 펴낸 뒤에 이 책과 쌍을 이루는 노동조합운동 이론서로서 『산업민주주의』를 집필했다. 하지만 국내에는 전자가 일찍이 김금수의 번역으로 나온 데 반해[1] 후자는 오랫동안 제목만 전설처럼 떠돌았다. 특히 국내에는 이 책 자체의 내용이나 의의보다도 레닌(Vladimir Lenin)과 부인 크루프스카야(Nadezhda Krupskaya)가 러시아어로 번역했다는 사실이 더 잘 알려져 있다.

따라서 뒤늦게나마 웹 부부의 『산업민주주의』를 소개하는 것은 분명 가치 있는 작업이었다. 다만 영어 원서가 무려 1,000쪽에 달하는 이 방대한 저작의 완역은 역자의 힘에 부치는 일이었기에 이 가운데에서 현대적 의미의 '산업민주주의'와 직결되는 이론적 논의만 뽑아 번역하기로 마음먹고 있었다. 그런데 뜻밖의 반가운 소식이 들려왔다. 그간 고전 사회주의자·아나키스트들의 저작을 꾸준히 소개해온 영남대학교 법학과 박홍규 교수가 『산업민주주의』의 첫 국역본[2]을 낸 것이다. 이로써 이 책의 부분 번역 계획은 필요 없게 돼버렸지만, 노동조합운동의 고전을 이제라도 우리말로 접할 수 있게 됐으니 고맙고도 다행한 일이 아닐 수 없었다.

그러나 모처럼 오랜 숙제 하나가 해결됐다면, 여기에 머물지 않

---

1 『영국 노동조합운동사』 상·하, 김금수 옮김, 형성사, 1990.

2 『산업민주주의』(전 3권), 박홍규 옮김, 아카넷, 2018.

고 한 걸음 더 나아가야 하는 법이다. 역자는 『산업민주주의』의 국내 출간이 산업민주주의 논의의 다음 단계로 나아가는 계기가 돼야 한다고 생각했다. 이 대목에서 역자가 오랫동안 관심을 갖고 사숙하던 콜의 길드사회주의 이념이 떠올랐다. 산업민주주의와 관련해 웹 부부와 콜은 복잡한 애증 관계에 있다. 사실 콜은 페이비언사회주의의 대표적 이론가였던 웹 부부가 가장 총애한 페이비언협회의 차세대 주자였다. 그런 그가 길드사회주의로 입장을 바꾼 이유 중 하나가 바로 『산업민주주의』에 표명된 웹 부부의 산업민주주의론에 대한 일정한 반감이었다. 후술하겠지만, 그의 길드사회주의는 한마디로 웹 부부식 산업민주주의의 한계를 뛰어넘는 새로운 산업민주주의를 실현하려는 시도였다 할 수 있다.

그러나 웹 부부와 콜의 산업민주주의론을 단순히 대립 관계로만 놓을 수는 없다. 노동조합을 산업 자치기구로 발전시키려던 길드사회주의의 구상은 현실의 벽에 부딪혔다. 길드사회주의자들의 바람과는 달리 노동자가 기업, 더 나아가 산업 전체를 운영할 주체로 성장하기는커녕 독점자본주의가 발전할수록 현장 노동자와 경영 활동의 거리는 더욱 멀어지기만 했다. 그렇다고 콜이 길드사회주의를 청산한 것은 아니었지만, 청년기에 그가 내건 담대한 이상은 현실 조건들에 대한 고려 속에서 점점 더 복잡한 단서를 달며 축소되거나 변형돼갔다. 이 책 『G. D. H. 콜의 산업민주주의』는 이러한 기나긴 고민 끝에 만년의 콜이 도달한 잠정 결론이다. 즉 웹 부부의 산업민주주의론을 비판하며 출발한 콜의 보다 적극적인 산업민주주의론이 현실과 부딪히며 진화 혹은 조정된 결과물이다. 여기에서 우리는 콜이 여전히 웹 부부의 전망 너머를 바라보려 하면서도 다른 한편으로는 그들의 현실론과 진지하게 대화하면서 원대한 장기 비전의 당대적 실현 전략을 모색하고 있음을 확인할 수 있다.

이런 이유로 역자는 이번에 완역된 웹 부부 저작의 뒤를 이어 소개돼야 할 산업민주주의 논의의 문제작으로서 콜의 이 책을 골라 첫 우리말 번역본을 내놓는다. 그리고 이 책의 이해를 돕기 위해 부족하나마 아래에 해제를 덧붙인다. 해제에서 가장 먼저 짚어볼 것은 길드사회주의가 등장하기 전에 영국 노동조합운동의 경험을 총결산하며 지금까지도 결코 쉽게 논박될 수 없는 산업민주주의의 전형을 제시한 웹 부부의 산업민주주의론이다. 다음에는 이들의 논의를 뛰어넘는 비전을 제시하고자 한 콜 등의 길드사회주의 구상을, 이제껏 제시된 산업민주주의론 중 가장 급진적이라 할 수 있는 동시대의 형제자매 사상-운동들, 즉 생디칼리슴, 평의회마르크스주의 등과 함께 살펴본다. 그리고 나서 길드사회주의 운동의 좌절 뒤에 콜이 고심 끝에 도달한 산업민주주의의 단계적 실현 전략을 『G. D. H. 콜의 산업민주주의』를 바탕으로 정리하겠다. 이 대목에서 역자는 독자들이 쉽게 이해할 수 없는 1950년대 영국 사회의 맥락에서 서술된 콜의 주장을 최대한 우리 상황에 맞게 재구성해 설명하려 한다.

마지막 부분에서는 결론 격으로 『G. D. H. 콜의 산업민주주의』에서 제시된 콜의 전략을 재평가하고, 21세기 한국 사회에서 이러한 제안이 어떤 영감과 시사를 줄 수 있을지 따져볼 것이다. 특히 2008년 금융위기 이후에 세계 곳곳에서 신자유주의, 더 나아가 후기 자본주의 전반을 극복할 이념-노선으로 주목받는 '민주적 사회주의'의 시각에서 콜을 비롯한 지난 세기 산업민주주의 논의의 의의를 짚고자 한다.

민주적 사회주의는 '사회주의'를 좁은 정치 영역을 넘어선 민주주의의 전반적 확대로 이해한다. 민주주의가 확대돼야 할 가장 근본적이면서도 시급한 영역은 바로 생산 현장이다. 이곳이 이제껏 민주주의 출입 금지 구역이었기에 자본주의 질서가 그 숱한 역사적 부침에도 불구하고 강력히 유지될 수 있었던 것이다. 따라서 민주적 사회주의는 반드시 자신의 필수 구성요소로서 산업민주주의의 지향과 실현 전략을 동반해야 한다. 21세기 한국 사회에서 『G. D. H. 콜의 산업민주주의』 같은 저작이 발굴되고 탐독돼야 할 이유가 여기에 있다.

1. 콜 이전의 영국 산업민주주의론 – 웹 부부의 논의를 중심으로

영국은 제1차 산업혁명의 발원지다. 산업자본주의가 시작된 나라이고, 따라서 자본과 노동을 두 주인공으로 하는 계급투쟁의 역사도 전 세계에서 가장 길다. 그러니 산업 현장과 민주주의의 관계를 따지는 산업민주주의 논의와 시도 역시 뿌리가 깊을 수밖에 없다. 민주주의를 협애한 의회주의로 이해하는 오랜 전통 때문에 영국 사회에서는 산업민주주의와 같은 발상이 성장하기가 그리 쉽지 않았다. 하지만 삶의 현장에서 민주주의를 향한 노동자의 열망이 자라나도록 부추기는 자본주의 현실 자체가 이러한 자유주의-의회주의 전통의 철옹성에 끊임없이 균열을 내지 않을 수 없었다.

사실 영국에서 사회주의는 처음부터 산업민주주의의 문제의식에서 출발했다고 할 수 있다. 이 점에서 비슷한 시기에 사회주의가 태동한 프랑스와 대비된다. 카를 마르크스(Karl Marx)와 프리드리히 엥겔스(Friedrich Engels)가 초기 사회주의의 세 걸출한 대표자로 꼽았던 인물들 중 프랑스인인 생시몽(Saint-Simon)과 샤를 푸리에(Charles Fourier)의 주된 관심은 생산보다는 분배에 있었다. 그들은 자본주의 산업화가 낳는 부익부 빈익빈의 현실을 날카롭게 비판했다. 하지만 이들은 어떻게 하면 산업의 결실을 다른 방식으로 분배할지를 고민했지, 그러한 결실을 생산하는 현장에서 벌어지는 일에는 그만큼 관심을 기울이지 못했다.

그러나 영국인인 나머지 한 사람, 로버트 오언(Robert Owen)은 달랐다. 그는 영국이 세계에 선보인 새로운 인간 유형, 즉 산업

자본가 1세대의 일원이었다. 그래서 자기가 이윤의 원천을 확보하는 그곳, 기계화된 공장 안에서 어떤 일이 벌어지는지 누구보다 더 생생히 목격했다. 영국의 1세대 공장 노동자들은 기계 앞의 고된 장시간 노동으로 심신이 모조리 마모돼갔고, 일상에서 이에 맞서는 방식이란 잦은 태업과 규율 위반, 알코올 중독뿐이었다. 동료 자본가들은 이를 빌미로 작업장에서 억압의 고삐를 더욱 바짝 죄었지만, 오언의 생각은 달랐다. 애초에 노동자를 착취 대상으로만 바라보는 게 문제였다. 노동자를 공동 작업의 동료로 바라본다면 어떨까? 노동시간이나 작업 조건을 자율적으로 규제하게 한다면? 이렇게 정해진 보다 인간적인 조건 아래에서 작업을 수행한다면? 이럴 경우 오히려 생산성이 늘지 않을까? 오언의 유명한 뉴 래너크 공장은 이러한 생각을 증명하는 성공적인 실험장이었고, 오언은 급기야 이 실험을 영국 모든 공장에 확대 적용하는 공장법 입법에 나섰다. 그 결과 오언은 영국 자본가 계급 전체에게 파문 선고를 당했다. 대신 '사회주의자' 혹은 '공산주의자'라 자처하기 시작한 이들이 그를 자신들의 첫 번째 지도자로 받아들였다.[3]

자본가 오언이 사회개혁가로 나서게 만든 문제의식을 이후의 용어법으로 정리한다면 '산업민주주의'라 할 수 있을 것이다. 즉

3 오언의 삶에 대해서는 콜이 쓴 고전적 전기를 참고할 것. G. D. H. 콜, 『로버트 오

오언은 처음부터 사회주의를 산업민주주의의 발상과 고민 속에서 사고하고 발전시켰다. 이후 영국에서 1820년대와 30년대에 걸쳐 '오언주의'라는 이름으로 펼쳐진 노동조합운동, 협동조합운동, 사회주의운동은 이런 사고방식을 공유했다. 오언주의자들은 모든 직종의 노동자를 하나의 노동조합으로 단결시키려 한 전국노동조합대연합 건설 시도를 새로운 비자본주의 사회 건설과 별개로 바라보지 않았다. 이는 아직 자본주의의 생리나 노동조합의 역할을 제대로 분별하지 못한 초기 사회주의운동의 한계였다고 볼 수도 있지만, 역으로 사회주의 1세대가 후세대와 달리 노동조합, 산업민주주의와 사회주의를 서로 유기적으로 통합된 하나의 탈자본주의 변혁운동으로 바라본 증거일 수도 있다. 특히 건설업에서는 오언의 직접 참여 아래 건설노동자조합을 일종의 길드[4]로 발전시켜 자본가의 감독 없이 건설 현장을 관리하려고 시도하기도 했다. 그러나 안타깝게도 오언파 사회주의자들의 이 모든 혁신적 시도는 실패로 끝나고 말았다.[5] 이와 함께 사회주의와 산업민주주의가 분리되지 않던 분위기 역시 정반대로 바뀌었다.

언: 산업혁명기, 협동의 공동체를 건설한 사회혁신가』, 홍기빈 옮김, 칼폴라니사회경제연구소협동조합, 2017.

4 길드에 대해서는 다음 장을 참고할 것.

5 오언주의 운동에 대해서는 다음 문헌을 참고할 수 있다. G. D. H. 콜, 『영국 노동운동의 역사』, '제1부 6장 혁명적 노동조합운동', 105-133쪽.

'빅토리아 시대'라 불린 19세기 중반, 영국 자본주의 황금기에 숙련 노동자 중심의 직업별 노동조합과 사회주의운동은 별개의 세계가 돼버렸다. 노동조합은 자기 직종 내의 임금 및 노동 조건에만 관심을 기울였고, 중산층 지식인 출신 사회주의자들은 이런 노동 현장의 문제들과 상관없이 반자본주의 선동을 펼쳤다. 영국 노동조합 세력을 범좌파 국제조직인 국제노동자협회(제1인터내셔널)에 가입시킨 마르크스와 엥겔스의 노력은 이런 시류에 맞서려 한 중대한 예외 사례였다. 또 다른 예외로는 노동과 예술의 (재)통합이라는 시각에서 사회주의를 고민하고 구상한 독창적 사상가 윌리엄 모리스(William Morris)가 있었다.[6]

그러나 한동안 이러한 흐름은 주류가 될 수 없었다. 19세기 말에 영국 사회주의의 주류로 떠오른 페이비언협회는 의식적으로 노동운동과 거리를 두었다. 이들에게 사회주의란 자본주의가 초래하는 소득-자산 불평등의 해결을 뜻했고, 그 가장 효과적인 수단은 국가 소유 부문을 늘리고 재분배 정책을 펴는 것이었다. 이를 위해서는 영국의 정치 전통인 의회민주주의에 따라 지방자치단체와 중앙정부의 권력을 장악하고 개혁 정책을 펼쳐야만 했다. 좁은 직업적 안목에 따라 임금 인상에만 몰두하고 이를 위해

---

6 모리스에 대해서는 다음 책들을 참고할 수 있다. 윌리엄 모리스, 『노동과 미학』, 서의윤 옮김, 좁쌀한알, 2018; E. P. 톰슨, 『윌리엄 모리스: 낭만주의자에서 혁명가로』(전 2권), 윤효녕 외 옮김, 한길사, 2012; 박홍규, 『윌리엄 모리스 평전』, 개마고원, 2007.

파업을 불사하는 노동조합은 이러한 집권 및 개혁 과정에 오히려
방해 요소나 되기 십상이었다. 그래서 페이비언협회의 입장을 처
음으로 내외에 천명한 조지 버나드 쇼(George Bernard Shaw) 등의
공저 『페이비언사회주의』[7]에는 노동조합에 대한 언급 자체가 거
의 없다.

　그러나 시대의 조류가 다시 바뀌고 있었다. 『페이비언사회주의』
가 나온 바로 그해(1889년)에 런던 부두 대파업이 벌어졌다. 3만
명이나 파업에 참여하고 중산층까지 우호적인 반응을 보인 점도
인상적이었지만, 가장 중요한 것은 직업별 노동조합 바깥에 있던
미숙련 노동자들이 투쟁의 주역이 됐다는 점이었다. 항만만이 아
니었다. 여성 노동자가 주를 이루던 사업장들에서도 치열한 투쟁
이 빈발했다. 역시 공통점은 미조직 미숙련 노동자가 주력이라는
점이었다. 노동사가들이 '신노동조합주의'라 이름 붙인 이 흐름은
다음 세기 초에 산업민주주의의 폭발적 성장을 낳는 산업별 노
동조합 건설운동으로 이어지게 된다. 이렇게 새로운 흐름이 부상
하는 상황에서 페이비언사회주의자들도 기존 입장만 고수할 수
는 없었다. 새삼 노동조합에 대한 관심이 일기 시작했고, 노동자
투쟁과 연대하는 일도 잦아졌다. 이러한 변화를 주도한 이들이
바로 페이비언협회 안에서도 가장 촉망받는 이론가였고 1892년

7　조지 버나드 쇼 외, 『페이비언 사회주의』, 고세훈 옮김, 아카넷, 2006.

에 부부가 된 비어트리스 웹과 시드니 웹이었다.[8]

결혼 뒤에 웹 부부는 사회주의운동과 관련된 다양한 주제에 대해 함께 연구하고 집필했다. 그 첫 번째 결실이 1894년에 나온 『영국 노동조합운동사』였다. 이는 아마도 노동운동의 역사가 사회과학자에 의해 진지하고 충실하게 정리된 최초의 사례일 것이다. 자유주의자들은 노동조합이 사회과학의 연구 주제가 될 수 있다는 생각 자체를 여전히 낯설어 했지만, 페이비언협회 동료들만은 노동운동에 가까이 다가가려는 웹 부부의 노력에 박수를 쳐주었다. 쇼 등은 웹 부부의 원고를 직접 수정하면서 이 책의 또 다른 공저자가 됐다. 3년 뒤에 웹 부부는 두 번째 공저로 『산업민주주의』를 냈다. 전작과 마찬가지로 이 책에 대해서도 당대 주류 지식인들의 반응은 차가웠다. '산업'과 '민주주의'를 연결하는 제목 자체가 말도 안 되는 짓거리라는 분위기였다.

이런 시대에 쓰인 저작이니만큼 우리는 『산업민주주의』를 읽으며 그 역사적 한계를 충분히 감안해야만 한다. 하지만 이렇게 마음의 준비를 단단히 하더라도 이 책을 처음 손에 든 현대 독자라면 일단 당황할 수밖에 없을 것이다. 우리 시대에 '산업민주주의'란 주로 자본의 고유 권한처럼 돼 있는 경영 활동의 여러 영역에

---

8 웹 부부의 삶과 전반적인 사상에 대해서는 다음의 간략한 전기를 참고할 수 있다. 박홍규, 『복지국가의 탄생: 사회민주주의자 웹 부부의 삶과 생각』, 아카넷, 2018.

노동자도 동등한 결정권자로 참여하는 것으로 이해된다. 이런 시각에 따르면, 이미 노동조합의 고유 활동으로 인정받는 임금 및 고용, 노동 조건을 둘러싼 단체교섭은 산업민주주의의 주된 내용이라기보다는 오히려 기본 전제 정도에 가깝다. 굳이 '산업민주주의'라고 이름 붙인다면, 이는 이런 통상적인 노동조합 활동을 넘어서는 노동자 경영 참여나 자주 경영 시도들을 가리킨다. 한데 웹 부부의 저작은 이런 내용과는 별 상관이 없다. 이들의 『산업민주주의』는 전작 『영국 노동조합운동사』와 쌍을 이루는, 노동조합 활동에 대한 이론서다. 제목으로 쓰인 '산업민주주의'라는 용어에 대해서는 별다른 정의조차 하지 않은 채 첫 장에서부터 결말에 이르기까지 계속 노동조합 이야기만 한다. 웹 부부의 책에서 현대 산업민주주의론의 원류를 찾고자 한다면 누구나 실망하고 말 것이다.

그러나 웹 부부와 현대 독자 사이의 어긋남이 꼭 전자의 역사적 한계만을 뜻한다고 할 수는 없다. '산업민주주의'라는 이름 아래 무엇보다 노동조합 일상 활동을 부각하는 웹 부부의 태도는 현대 산업민주주의 논의가 간과하기 쉬운 중대한 진실을 정당하게 환기시키는 측면이 있기 때문이다. 그것은 노동조합운동이야말로 자본주의와 민주주의가 불안하게 공존하는 사회에서 산업민주주의의 가장 원초적인 기관이며 근본 토대라는 점이다. 웹 부부는 노동조합의 모든 활동과 성향이 다 사회 진보에 기여한다고 여기지는 않았다. 기득권을 지키려고 기술 혁신에 반대하거나 노동력 독점 공급자라는 지위를 이용해 다른 시민들의 권리를 침해하는 행위에 대해서는 신랄히 비판하기까지 한다. 그러나 웹 부부는 노동조합의 이런 역기능에도 불구하고 이 조직이 민주주의에 필수불가결하도록 만드는 한 가지 역할이 있다고 강조하는데, 그것은 노동 인구의 생활 임금을 보장하는 것이다. 노동조합은 단체교섭을 비롯한 다양한 일상 활동을 통해 '내셔널 미니멈', 즉 소득, 고용, 여가, 노동 조건, 교육 등의 최저 보장 기준을 정하고 관철시킨다. 노동조합이 존재하지 않는 조건이라면 자본은 노동 대중의 삶이 이런 최저 기준 이하로 추락할 정도로 착취를 강화하게 마련이다. 노동조합이 등장하고 성장함으로써 비로소 자본이 소득, 노동시간 같은 가장 기초적인 조건을 일방적으로 결정하기 힘들게 됐다. 이런 근본 토대가 갖춰진 뒤에야 우리는 자본의 또 다른 결정권 독점에 대해 문제제기할 수 있다. 현대에는 이것이 너무 진부한 진실이라 여겨져 때로 위험한 망각의 대상이 되곤 한다. 그래서 노동조합의 중요성을 무시한 채로 미래 노사 관계를 전망하는 경우도 왕왕 있으며, 시장지상주의 논리는 바로 이런 허점을 노리며 지배력을 강화해왔다. '산업민주주의'라는 표제 아래 우직하게 노동조합운동론을 전개하는 웹 부부의 고색창연한 저작은 이런 상황에 맞서는 시의적절한 교정 수단이 될 수 있다.

그렇다고 웹 부부가 현대적 산업민주주의론의 관심사와 겹치는 문제들에 대해 전혀 발언하지 않은 것은 아니다.『산업민주주의』의 맨 마지막 장인 '제3부 노동조합의 이론. 4장 노동조합운동과 민주주의'에 간략하나마 이와 관련된 언급들이 있다. 여기에서 웹 부부는 산업 경영에서 노동자 혹은 노동조합이 어떤 기능을 할 수 있는지 타진한다. 이들에 따르면, 산업 경영을 둘러싼 무수한 결정은 다음 세 가지 범주로 묶인다. 첫째는 생산돼야 하는 것에 대한 결정이고, 둘째는 생산을 하기 위한 방법에 대한 판단이며, 셋째는 고용된 인력의 노동 조건 문제다. 웹 부부는 첫째와 둘째 범주에 관한 한 노동자가 경영자나 소비자와 비교해 결코 더 나은 결정을 내리는 주체일 수 없다고 단언한다. 다름 아닌 이 냉정한 판단 때문에 웹 부부의 산업민주주의론은 가장 야심찬 전망을 제시할 때조차 무척 조심스러운 어조를 띠게 된다. 두 저자의 언급을 그대로 옮겨본다.

"사회에서 최대한의 만족을 얻기 위해서 핵심이어야 하는 것은, 생산되어야 할 상품과 서비스를 결정하는 가장 중요한 요인을 소비자의 필요와 욕망으로 삼아야 한다는 점이다. 이러한 필요와 욕망을 가장 잘 확인하고 만족시킬 수 있는 것은, 고객 확보에 너무나도 열심인 자본가적 이윤 창출의 개인적 기업이냐, 아니면 (영국 협동조합운동에서와 같은) 소비자의 조합 또는 시민의 조합(지방자치단체와 국가)을 만족시키고자 하는 유급 공무원의 공공 서비스냐 하는 것은, 현재 민주 정치의 가장 중요한 문제이다. 그러나 이러한 문제가 어떤 방식으로 결정되든 간에 하나의 사실은 분명하다. 즉 노동조합에 가입하는 여러 부문의 육체노동자는 개인 기업 하에서도, '집산주의' 하에서도 생산되어야 하는 것에 관한 결정에 대해 내려야 할 많은 것을 다른 시민이나 소비자와 마찬가지로 갖지 못하고 있다."[9]

그럼에도 노동조합은 산업 경영을 둘러싼 결정 과정에 참여해야만 한다. 노동조합이 가장 유능하거나 유일한 결정권자가 될 수는 없지만 결정 과정의 '한' 주체로는 반드시 포함돼야 한다는 것이다. 웹 부부는 자본주의에서 노동조합이 수행하는 핵심 기능, 즉 내셔널 미니멈 보장의 연장선에서 경영 참여의 근거를 이끌어낸다. 이들이 보기에 생산비를 낮춰야 한다는 강박은 사기업 자본가에게만 나타나는 특성이 아니다. 공기업 관리자도, 협동조합 경영자도 생산비를 되도록 낮춰 이윤을 증대해야 한다는 압박 아래 놓이기 쉽다. 이러한 이윤 추구 동기 때문에 산업 관리자들이 소득을 낮추고 고용을 줄이며 작업 조건을 악화시키는 결정을 내리게 되면 결국 사회 전체가 피해를 본다. 이 경우에 사

9 B. 웹·S. 웹, 『산업민주주의 3』, 박홍규 옮김, 아카넷, 2018, 247-248쪽.

회 전체의 입장에서 산업 관리자들의 편견에 맞설 수 있는 특출한 능력을 지닌 조직이 바로 노동조합이다. 생산비 인하 압박이 임금, 여가, 교육 등의 내셔널 미니멈을 위협할 때마다 이를 가장 민첩하게 알아채는 것은 노동자들이며, 따라서 이런 문제를 예방하거나 효과적으로 개선하는 길은 현장 노동자가 선출한 노동조합 간부들이 산업 경영에 참여하는 것이다.

노동조합의 이런 특별한 역할은 자본주의만이 아니라 사회주의에서도 유효하다. 웹 부부의 표현에 따르면, "[모든] 민주적 국가에서 충족해야 할 영구적 기능"[10]을 갖는다. 위에서 이야기했듯이, 산업의 전반적인 공공 관리 아래서도 경영자들은 노동 대중의 생활수준을 위협할 정도로 생산비를 인하하려는 충동을 떨치지 못할 것이기 때문이다. 따라서 "가장 완전한 집산주의 하에서도"[11] 노동조합의 경영 참여를 통해 현장 노동자들의 견해와 요구를 산업 운영에 반영시켜야 한다. 다만 웹 부부는 새로운 체제에서 노동조합의 형태나 임무, 성격이 크게 바뀔 것이라 전망한다. 국가나 지방자치단체가 운영하거나 협동조합 형태를 취하는 영역이 늘어날수록 노동조합은 조합원의 생활수준을 지키려는 투쟁 기구 성격을 띠기보다는 "공통 규칙의 수준을 끝없이 향상시키

10 위의 책, 253쪽.
11 위의 책, 253쪽.

고, 그것에 의해 그 직업 특유의 기술적 능률을 증대시킬 의무"[12]
에 주력하게 될 것이다. 이에 따라 가령 조합원의 기술적·시민적
교육이 노동조합의 새로운 주 임무로 떠오를 것이다. 하지만 웹
부부가 그리는 사회주의 사회에서 산업 경영을 주도하는 것은 노
동조합이 아니라 어디까지나 시민이 선거로 뽑은 대표와 전문직
공무원들이다. 웹 부부는 이들만이 생산자와 소비자를 아우르면
서 이들의 제한된 시야와 이해관계를 초월해 사회 전체를 대표할
수 있다고 본다.

이런 논의를 거친 뒤에 두 저자는 마지막 장 끝부분에 이르러
드디어 '산업민주주의'라는 제목에 값하는 주장을 꺼낸다. 웹 부
부는 정치 영역에서만 1인 1표 원리가 작동하는 현대 민주주의
의 역설을 따끔하게 지적한다. 모든 사람이 자기가 가장 잘 아는
직업 영역에서는 하인으로 남아 있는 반면 특별한 지식을 갖추
지 못한 사회 전체의 일반적 이해관계에 대해서는 주권자로 인정
받는다는 것이다. 후자의 맥락에서 보통 사람들이 공직을 담당할
의지와 능력을 지닌 인물들 중 자신이 선호하는 대표자를 뽑아
민주주의를 작동시킬 수 있다면 왜 각자가 훨씬 더 깊은 지식과
안목을 지닌 전자의 영역에서 똑같은 방식으로 민주주의를 실
현할 수 없다는 말인가? 웹 부부는 "정치적 민주주의가 그 필연

12 위의 책, 255쪽.

적 결과로서 산업민주주의에 이른다"[13]는 점이야말로 노동조합운동의 역사적 경험이 보여주는 절대적 교훈이라 단언한다. 이들은 "노동조합운동의 지속과 그것이 국가 내에서 세력을 발전시키는 것은 무엇보다도 먼저, 민주주의라는 관념 그 자체가 정치적인 관계와 마찬가지로 경제적 관계도 포함하는 것으로 확장되어야 한다는 것을 보여준다"[14]고 정리한다. 다만 이들에게 경제적 관계로 확장된 민주주의란 정치 영역의 의회제와 마찬가지로 노동 대중의 직접 통제가 아니라 대의제에 따라 철저히 규율되는 것이어야 한다.

"생존 수단의 소유자와 1일 노동과 같이 폐기되기 쉬운 상품의 판매자 사이의 개인 거래는 단연코 폐지되어야 한다. 만일 순진한 '계약의 자유'가 있어야 한다면, 우리는 개인 거래에 의하는 대신 고용의 조건이라는 것을, 전략상의 힘을 서로 균등하게 갖는 단체를 위해 활동하는, 동등한 전문적 지식이 있는 교섭원 사이에서 협정하고, 언제나 사회 전체의 이해관계를 대표하는 최고 입법의 결정에 따라 보완해야 한다."[15]

13 위의 책, 273쪽.
14 위의 책, 271쪽.
15 위의 책, 272쪽.

이렇듯 『산업민주주의』 안에는 노동조합운동에 대한 애정과 사회주의의 전망이 대의제와 전문 관료제의 필요성에 대한 지극히 현실적인 인정과 묘하게 공존한다. 웹 부부는 두 극 사이에서 초연한 태도를 보였지만, 특정한 실천적 계기와 연관된 독자들은 두 극 가운데 어느 한 쪽에 더 강조점을 찍게 마련이었다. 가령 정치적 민주주의가 생산 역역으로까지 확대돼야 한다는 논의는 웹 부부식 산업민주주의론을 넘어서고 싶어 한 길드사회주의 세대도 공유한 출발점이었다. 이들은 웹 부부가 지루하게 달아놓은 주의 사항들은 무시해버린 채 '산업민주주의'라는 말에 담긴 더 급진적인 함의를 자유롭게 풀어내려 했다.

어찌 보면 웹 부부 스스로 격변하는 세태 속에서 자신들의 입장이 이렇게 다양하게 해석될 가능성을 열어놓은 측면도 있다. 1918년에 영국 노동당이 사회주의 정당의 성격을 분명히 하면서 채택한 당헌 제4조가 그 대표적인 사례였다. 시드니 웹은 이 조항을 입안하면서 일부러 여러 해석이 가능한 모호한 문구를 택했다.

"노동당 당헌 제4조. 육체 및 지식 노동자들에게 그들 산업의 모든 결실과 그 가장 공평한 분배를 보장하기 위해 이를 가능케 할 생산, 분배 및 유통 수단의 공동 소유와, 가능한 한 최선의 행정 시스템, 각 산업 혹은 서비스의 통제를 실시한다."[16]

이는 국가 엘리트에게 산업 경영 책임을 떠맡기는 페이비언사회주의의 가장 경직된 버전으로 읽힐 수도 있었고, 현장 노동자가 생산 활동을 직접 통제하는 보다 혁명적인 산업민주주의를 함축하는 것으로 해석될 수도 있었다. 아무튼 이후 한 세기 동안 노동당의 이념과 노선, 궁극 목표를 규정하게 될 이 조항은 웹 부부의 『산업민주주의』에서 출발하면서도 그것을 넘어서려 한 새로운 세대의 극적인 부상이 없었다면, 결코 등장할 수 없었을 것이다.

2. 길드사회주의 시절 콜의 산업민주주의론

20세기는 산업민주주의의 예기치 않은 개화와 함께 시작됐다. 영국, 프랑스 같은 자본주의 중심부 국가들에서 새로운 형태의 대중조직과 대중투쟁이 등장하며 새 시대의 시작을 알렸다. 영국에서 미조직 미숙련 노동자의 파업 참여와 조직화로 나타났던 신노동조합주의가 이후 영국뿐만 아니라 대서양 양안 곳곳에서 더 거대한 파업과 조직 결성으로 폭발했다. 프랑스에서는 1895년

---

16 장석준, 『세계 진보정당 운동사: '큰 개혁'과 '작은 혁명'들의 이야기』, 서해문집, 2019, 374쪽.

에 결성된 노동총연맹(CGT)이 격렬한 파업 투쟁으로 자본 및 국가와 대치하면서도 나날이 성장했다. 1905년에는 미국에서 전 세계 모든 노동자를 하나의 거대 노동조합으로 단결시킨다는 원대한 비전을 내세우며 세계산업노동자동맹(IWW)이 출범했다.[17] 그리고 영국에서는 1912년에 광산, 항만, 철도 등을 중심으로 대규모 파업 물결이 전국을 휩쓸었다. 현대 영국사에서 '노동 불안기'라 불리는 몇 년간이 시작된 것이다.[18] 이때 파업을 주도한 것은 기존 직업별 노동조합을 넘어 미조직 상태인 미숙련-반숙련 노동자들을 대거 조직하려 한 산업별 노동조합 추진 세력들이었다. 영국만이 아니었다. 비슷한 시기에 이탈리아, 벨기에, 스웨덴 그리고 러시아 등에서도 거대한 파업 투쟁이 빈발했다. 오직 제1차 세계대전의 돌연한 발발만이 이 흐름을 일단 진정시킬 수 있었다.[19]

새로운 운동은 또한 새로운 이념을 낳았다. 프랑스 노동총연맹이 그 실험장이 됐다. 1901년에 노동총연맹 부총장이 된 에밀 푸제(Émile Pouget)는 피에르-조셉 프루동(Pierre-Joseph Proudhon)의

---

17 세계산업노동자동맹에 대해서는 다음 책을 참고할 수 있다. 폴 불 외 편, 『워블리스: 그래픽 노블로 보는 세계산업노동자동맹의 역사』, 황동하 옮김, 서해문집, 2012.

18 이 시기에 대해서는 다음 책을 참고할 것. 김명환, 『영국 노동 불안기 연구: 영국사의 전환점 1911-1914』, 혜안, 2011.

19 혁명적 생디칼리슴을 비롯한 이 시기의 급진적 노동운동에 대해서는 다음 책을 참고할 수 있다. 랠프 달링턴, 『사회변혁적 노동조합운동: 20세기 초 유럽과 미국의 신디컬리즘』, 이수현 옮김, 책갈피, 2015.

영향을 받은 아나키스트였다. 당시 아나키즘은 본거지인 프랑스에서조차 마르크스, 엥겔스 사상의 세례를 받은 다양한 조류의 사회주의에 밀려 기를 펴지 못하고 있었다. 그러나 푸제가 신생 노총의 노선을 정립하면서 갑자기 부활했다. 다만 그 형태가 크게 바뀌었다. 고전 아나키스트들은 자본도 국가도 거부했지만, 이들을 대체할 사회의 실체를 만족스럽게 그려주지는 못했다. 독일 사회민주당을 지지하는 정통 마르크스주의자들이나 개혁[개량]주의자들은 노동계급이 장악한 국가가 사회를 대표할 것이라 제시했지만, 아나키스트들은 이에 맞설 만큼 구체적인 대안을 내놓지 못한 것이다. 그러나 푸제는 나름대로 그 답을 제출했다. 그것은 바로 프랑스 노동총연맹이 건설하고자 하는 바와 같은 신생 산업별 노동조합이었다. 직종이나 숙련 여부, 성별이나 인종에 상관없이 각 산업의 모든 노동자를 조직한 노동조합이 총파업을 통해 국가권력을 정지시키고 새로운 사회를 열 것이다. 새 사회에서는 이들 산업별 노동조합이 산업을 운영할 것이며, 이에 따라 사회의 기생충에 불과한 자본과 관료 권력은 더 이상 존재할 필요가 없게 될 것이다. 노동총연맹 이론가들은 이런 새로운 사고에 '혁명적 생디칼리슴'이라는 이름을 붙였고, 1906년 노동총연맹 제9차 대의원대회에서 '아미앵 선언(Charte d'Amiens)'으로 정식화해 공식 노선으로 채택하기에 이른다.[20] 아미앵 선언은 노동조합의 임무를 다음과 같이 정리했다.

"일상 활동을 통해 노동조합은 노동시간 단축, 급여 인상 등과 같은 직접적 개선을 달성함으로써 노동자의 복리를 증진시키고 노동계급의 활동들을 조정한다. 그러나 이는 생디칼리슴[노동조합운동]의 과업 중 단지 하나에 불과하다. 노동조합은 완전한 해방을 준비하며 이는 오직 자본가를 수탈함으로써만 달성될 수 있다. 노동조합은 행동 수단으로 총파업을 제창한다. 그리고 오늘날 저항 조직인 조합은 미래에는 사회 재편의 토대로서 생산과 분배의 조직이 될 것이다."[21]

혁명적 생디칼리슴은 프랑스를 넘어 여러 나라 노동운동에 커다란 충격을 주었다. 프랑스어로 단순히 노동조합운동을 뜻하는 '생디칼리슴'이란 말이 여러 나라에서 특별한 노동운동 이념이자 노선으로 회자됐다. 정당이나 국가가 아니라 노동조합(물론 오래된 직업별 노동조합이 아니라 산업별 노동조합임을 전제했지만)이 탈자본주의 변혁의 주체가 된다는 발상도 처음 듣는 이야기였지만, 자본가계급이 주도하는 산업 안에서 항상 노동자의 생활수준 저하에

---

20 흔히 혁명적 생디칼리슴의 이론적 대표자라고 하면, 조르주 소렐(Georges Sorel)을 거론하고는 한다. 그러나 소렐은 생디칼리슴에 동조하기는 했어도 운동의 외부자였다. 실제 이 이념을 발전시킨 이들은 푸제 같은 노동조합운동 내부 이론가들이었다.

21 "Charter of Amiens"(https://www.marxists.org/history/france/cgt/charter-amiens.htm).

맞서는 방어적 역할만 하는 조직으로 생각되던 노동조합이 산업 경영의 주역이 된다는 전망도 놀라웠다. 웹 부부가 『산업민주주의』에서 전개한 노동조합관과는 너무도 다른 관점이었다. 웹 부부는 노동조합의 기본 역할뿐만 아니라 산업 경영 참여의 근거조차 내셔널 미니멈 보장이라는 다분히 소극적인 차원에서 규정했지만, 프랑스 생디칼리스트들은 노동조합이 사회 전체를 대표해 다룰 수 없는 산업 문제란 없다는 태도였다. 이는 웹 부부가 불과 10여 년 전에 제시한 산업민주주의와는 완전히 다른 종류의 산업민주주의 구상이었다. 20세기가 밝아올 무렵 아직 청년 정신을 구가하던 많은 이들이 이 구상을 두 손 들어 환영했다. 혁명적 생디칼리슴과 비슷한 시기에 태동한 노동운동 흐름 안에는 비록 생디칼리스트라 자처하지 않더라도 이러한 급진적 산업민주주의 비전에 공감하는 이들이 많았다.

심지어는 마르크스주의의 상당 부분도 이러한 영향권에 포함됐다. 마르크스주의자들은 당연히 아나키즘에 뿌리를 둔 생디칼리슴에 비판적이었다. 이들은 총파업으로 자본주의를 뒤집을 수 있다거나 산업별 노동조합들이 곧바로 새 사회를 운영하는 기관이 될 수 있다는 생각에 동의할 수 없었다. 하지만 현장 노동자가 직접 산업을 통제할 수 있으며, 이것이 바람직한 대안 사회의 출발점이라는 기본 구상 자체는 마르크스주의자들에게도 영향을 끼쳤다. 이들은 새로운 사회로 이행하는 과정에서 국가가 경제 계획을 수립하고 집행한다는 기존 도식을 재검토하면서, 이것이 생산 현장에 뿌리박은 아래로부터의 민주주의에 따라 작동하려면 어떤 노력과 장치가 필요한지 따지기 시작했다. 세계 전쟁으로 중단된 듯싶었던 노동자 투쟁이 다시 지면 위로 폭발하면서 이런 고민은 더욱 급속히 무르익어 갔다.

다른 어느 곳보다도 혁명기 러시아에서 그러했다. 1917년 2월 혁명 이후 러시아에서는 노동자, 농민, 병사 대표들의 소비에트가 건설됐을 뿐만 아니라 공장마다 공장위원회가 결성됐다. 공장위원회는 노동자들이 직접 사업장을 경영하거나 최소한 기존 경영자와 공동으로 경영하기 위해 만든 대의기구였다. 1917년 3월 현재 러시아 전체 노동자의 75%가 공장위원회에 속해 있었다. 이들 노동자는 중앙권력은 소비에트가 담당하고 공장 경영은 공장위원회가 맡길 바랐다. 이를 집약하는 구호가 '노동자 통제 실시'였다.[22] 10월 혁명을 이끈 러시아 마르크스주의자들은 이에 적극 부응했다. 이 무렵 레닌은 『국가와 혁명』을 집필해 기존 사회주의관을 아래로부터의 민주주의라는 시대정신에 따라 재구성했고, 혁명 정부의 당면 과제 첫머리에 '노동자 통제'를 올려놓았다.

---

22 혁명기 러시아의 공장위원회 운동에 대해서는 다음 책들을 참고할 것. 이정희, 『러시아 혁명과 노동자: 기대와 갈등의 역사 1917-21』, 느티나무, 2003; David Mandel, *The Petrograd Workers in the Russian Revolution: February 1917~ June 1918*, Haymarket Books, 2018.

10월 혁명이 성공한 직후에 인민위원회 의장 레닌과 노동 인민위원 알렉산드르 실리아프니코프Alexander Shliapnikov(금속노동조합 위원장이기도 했다)가 공동 서명한 혁명정부 포고령의 첫째, 둘째 항목은 다음과 같았다.

"1. 국민경제의 체계적 조절을 위해 공업·상업·농업 등등에 종사하며 사업장에 인민을 고용하거나 가내 노동을 시키는 모든 기업에 노동자 통제를 실시한다. 노동자 통제의 대상에는 원자재 및 최종재의 생산·저장·매매뿐만 아니라 금융까지 포함된다.

2. 노동자는 공장 및 작업장 위원회, 상급 소비에트 등등의 선출된 기구들을 통해 통제를 행사한다. 경영 및 기술직 역시 해당 위원회에 대표를 선출한다."

마르크스주의자들은 노동자의 산업 자치기구로 대개 노동조합 대신 공장위원회 혹은 공장평의회를 제시했다. 기존 노동조합이 그대로 산업 운영 주체가 될 수 있는 게 아니라 혁명 과정에서 노동자들이 밑으로부터 새롭게 구성하는 대의기구가 이 역할을 맡아야 한다고 본 것이다. 이런 주장을 들고 나온 마르크스주의자들을 우리는 독일 사회민주당의 공식 노선을 따르던 정통 마르크스주의자들과 대비해 '평의회 마르크스주의자'라 부를 수 있을 것이다. 이 말은 좁은 맥락에서는 레닌주의 혁명 전략을 격렬히 비판하며 평의회의 역할을 누구보다 강조한 안톤 판네쿡(Anton Pannekoek)이나 헤르만 호르터(Herman Gorter) 같은 사상가들을 지칭한다. 그러나 러시아 혁명 직후에는 마르크스주의자라면 누구나 어느 정도는 노동자평의회의 중요성을 인정했기에 대다수가 넓은 의미에서 '평의회 마르크주의자'였다고 할 수 있다. 예컨대 이탈리아에서 노동자와 소작농의 투쟁이 폭발한 1919~1920년의 '붉은 두 해' 동안 안토니오 그람시(Antonio Gramsci)가 쓴 글의 대부분은 공장평의회의 위상과 역할, 의의를 검토하면서 노동자의 생산 통제 가능성을 타진하는 내용이었다.[23]

이런 물결이 도버해협을 건너 영국에도 상륙했으니, 그것이 바로 길드사회주의였다.[24] 길드사회주의는 생디칼리슴의 여파에 대한 영국인들의 대답이었다. 길드사회주의는 국가사회주의를 비판하고 노동자 자치 기관을 산업 운영 주체로 제시한 점에서는 생디칼리슴과 판박이였다. 그러나 '길드사회주의'라는 이름부터가 프랑스식 혁명적 노동조합주의와는 뚜렷이 구별되는 특징을 보여준다. '길드gild/guild'는 주로 서유럽에서 자본주의가 등장하기 전

---

23 리처드 벨라미 편, 『안토니오 그람시, 옥중수고 이전』, 김현우·장석준 옮김, 갈무리, 2001, '2부 신질서', 147-250쪽.
24 길드사회주의를 다룬 우리말 문헌으로는 다음 책이 유일하다. 김명환, 『영국의 위기 속에서 나온 민주주의: 길드 사회주의 - 노사민 합의의 민주주의(1900~1920년대)』, 혜안, 2009.

에 수공업품 생산과 유통을 담당하던 장인, 상인들의 동업조합을 뜻한다. 자본 투자자가 관료 체계를 통해 노동 과정을 지휘하는 현대 기업과 달리 중세 유럽에서는 특정 기예를 공유하는 수공업 장인들의 공동체가 생산을 통제했다. 마르크스와 엥겔스는 『공산주의당 선언』에서 길드 역시 조합장(master), 장인(craftsman), 직인(journeyman), 도제(apprentice)의 엄격한 위계가 지배한 계급사회였다고 비판했다. 하지만 또 다른 형태의 계급사회였다 하더라도 자본주의 생산 단위와는 분명 다른 점이 있었다. 길드 조합장은 원칙상 장인들 가운데 한 사람으로서, 도제 단계부터 밟으며 동료 조합원들의 인정을 받아 해당 지위에 오른 인물이었다. 반면 자본주의 기업의 최고위층은 노동자를 고용한 자본 소유주이거나 그 대리인인 경영자들이다. 이런 점에서 중세 길드는 후대 자본주의 기업과 달리 생산자 집단이 생산과정을 직접 통제한 사례였다 할 수 있다.

생산 현장의 노동자 자치에 주목한 영국 사회주의자들이 유독 길드라는 중세의 기억을 끄집어낸 것은 무엇보다 윌리엄 모리스의 영향 때문이었다. 모리스는 자본주의의 최대 폐해를 노동과 창작, 산업과 예술의 분리와 대립에서 찾았다. 자본주의 생산 현장에서는 기계에 복속된, 사실상 강제 노역과 다를 바 없는 단순 노동이 지배하는 반면 창조적인 인간 활동의 산물은 '예술'이라는 이름으로 부르주아 속물들의 독차지가 된다. 모리스는 자본주의 등장 이전에는 그렇지 않았다고 주장했다. 중세 수공업 공방에서는 노동과 창작이 별개가 아니었고, 따라서 공업 제품과 예술 작품의 차이도 없었다. 모리스는 노동자도 예술가도 착취와 소외에서 벗어나 온전한 인간으로 거듭나려면 이런 자본주의 이전 상태를 새롭게 부활시켜야 한다고 역설했다. 이것이 바로 성공한 공예 사업가 모리스가 혁명적 사회주의자가 된 이유였다. 이런 모리스의 사고방식에 따르면, 중세 작업장은 자본주의를 넘어선 대안적 생산 현장의 유일하고도 강력한 참고 사례가 된다. 모리스의 추종자였던 건축가 아서 펜티Artur J. Penty(1875-1937)는 이 사고방식을 더 밀어붙였다. 1906년에 출간한 『길드 체계의 복원(The Restoration of the Gild System)』에서 그는 노동자 자치기구가 생산 현장을 통제해야 하지만, 이는 프랑스인들이 말하는 것과 같은 현존 노동조합이 아니라 새롭게 복원된 길드여야 한다고 주장했다. 이것이 길드사회주의의 효시였다.

펜티의 발상에 공감하던 A. R. 오레이지(Alfred Richard Orage), G. H. 잭슨(George Holbrook Jackson) 등이 1907년에 경영난에 처한 기독교사회주의 계열 잡지 《더 뉴 에이지(The New Age)》를 인수했다. 처음에 이 잡지는 페이비언사회주의자들과 펜티 지지자들이 공존하며 교류하는 장이었지만, 점차 페이비언협회와는 거리를 두기 시작했다. 반면 '길드사회주의'라는 이름 아래 페이비언협회 노선과 구별되는 사회주의 이념을 발전시키려는 이들이 결집했다. 처음에 두각을 나타낸 이론가는 S. G. 홉슨Samuel George Hobson(1870-1940)이었다. 사실 '길드'라는 말을 처음 강조한 것은 펜티였지만, 최초로 '길드사회주의자'라 자처한 이는 홉슨이었다. 홉슨은 1912년에 길드사회주의의 첫 번째 체계적 정리라 할 수 있는 『전국 길드: 임금제도와 거기에서 벗어날 길에 대한 탐구(National Guilds: An Inquiry into the Wage System and the Way Out)』를 발표했다. 이 책에서 홉슨이 제시하는 '길드'는 펜티의 구상과 이름만 같을 뿐, 성격은 크게 달랐다. 이제 홉슨의 '전국 길드'는 중세 동업조합의 복원이라는 발상과는 별 상관이 없었다. 그는 생산자뿐만 아니라 소비자까지 길드로 조직해야 하며, 이들 길드의 연합인 전국 길드가 자본과 국가의 역할을 대체하리라 내다봤다. 이러한 홉슨의 구상에서 '길드'란 같은 시기에 유럽 대륙에서 논의되던 '평의회'와 다를 바 없는 조직이었다.

이 무렵 홉슨보다 젊은 연배(대개 1880년대생)의 걸출한 논객들이 《더 뉴 에이지》 논단에 가담해 길드사회주의 유파를 형성했다. G. D. H. 콜, 윌리엄 멜러(William Mellor), R. P. 아넛(Robert Page Arnot), 모리스 레킷(Maurice Reckitt) 등이 그들이었는데, 그중에서도 단연 돋보인 것은 콜이었다. 1900년대 말에 옥스퍼드대학 학생이던 콜은 동세대의 다른 사회주의 지식인들과 마찬가지로 두 조직을 통해 사회주의 세계에 입문했다.[25] 하나는 영국에서 처음으로 노동자정당 건설을 주창하고 노동당 창당 이후에도 노동당 안에서 사회주의 분파로 활동한 독립노동당(ILP)이었고, 다른 하나는 페이비언협회, 더 정확히 말하면 옥스퍼드대학 페이비언협회(OUFS)였다. 그중에서도 젊은 지식인 콜이 매력을 느낀 쪽은 웹 부부가 한창 찬란한 연구와 교육 활동을 펼치던 페이비언협회였다. 콜은 페이비언협회 안에서 웹 부부의 뒤를 이을 만한 청년 이론가로 주목받았고, 웹 부부 역시 그를 차세대 지도자로 점찍었다.

그러나 밀월은 오래가지 못했다. 1910년대가 되자 콜의 마음은 페이비언협회를 떠나 영국 사회주의의 새로운 세계로 향했다. 이는 어쩌면 예정된 결별이었다. 우선 콜을 사회주의로 인도한 것은 웹 부부의 영향 이전에 모리스의 저작이었다. 모리스 사상에 감화된 콜은 사회주의를 '경제적 정치적 교의'만이 아니라 '완전히 다른 삶의 방식'으로 이해했다.[26] 이런 의미로 사회주의를 받아들인 이가 페이비언협회를 지배한 건조한 통계나 정책 논의에 만족하기란 쉽지 않았다. 콜은 페이비언협회나 독립노동당이 대

---

25 이하 콜의 삶에 관해서는 다음 두 저작을 주로 참고했다. L. P. Carpenter, *G. D. H. Cole: An Intellectual Biography*, Cambridge University Press, 1973; A. W. Wright, *G. D. H. Cole and Socialist Democracy*, Clarendon Press, 1979. 우리말 문헌으로는 다음 글도 참고할 수 있다. 장석준, 「해제 노동운동, 히드라가 되자」, G. D. H. 콜, 『영국 노동운동의 역사』, 김철수 옮김, 책세상, 2012.

26 G. D. H. Cole, "British Labour Movement Retrospect and Prospect", *Fabian Special*, No. 8, 1952.

표하던 영국 주류 사회주의와는 다른 새로운 흐름에 목말라했고, 자연히 프랑스 생디칼리슴이나 미국 세계산업노동자동맹 운동에 주목하게 됐다. 게다가 1910년대 초의 전투적 노동운동이 갓 20대인 콜의 가슴을 뜨겁게 달구었다. 그는 옥스퍼드대학 페이비언협회 동료들과 함께 파업 지원 활동에 앞장섰고, 이때부터 노동조합운동과 긴밀한 연계를 맺었다. 평생의 신념이 될 길드사회주의를 받아들이고 《더 뉴 에이지》 기고진에 합류한 것도 바로 이때였다.

제1차 세계대전 발발로 파업 물결이 진정됐다지만, 영국 노동운동은 전시에 오히려 더욱 급진화했다. 더불어 콜 세대의 길드사회주의자들 역시 혁명적인 산업민주주의 이념과 운동을 발전시켰다. 노동조합 집행부들이 전쟁 수행에 협력한다며 정부의 임금 및 노동 조건 방침을 고분고분 따르자 현장 노동자들이 선출한 현장위원들[27]이 태업이나 비공식 파업을 주도했다. 이는 유럽 대륙에서 성장하던 공장평의회 건설 움직임의 영국판이었다. 마침 징집을 면한 콜은 다른 길드사회주의자들과 함께 새로운 노동운동 흐름에 방향을 제시하고자 전국길드연맹(NGL)을 창립했다. 콜과 동지들은 전국길드연맹과 별개로 정책연구기관도 만들려 했다. 애초 계획은 페이비언협회를 통째로 개조해 길드사회주

27 본문의 '각주 5' 참고.

의 연구, 선전 조직으로 삼는 것이었다. 그러나 웹 부부를 비롯한 구세대의 반발로 이 계획은 무산됐다. 콜은 미련 없이 페이비언협회에서 탈퇴한 뒤에 자신이 주도하던 페이비언협회 부설 연구소를 노동연구소(LRD)로 개편했다. 이후 1920년대 초까지 전국 길드연맹과 노동연구소가 두 중심 기관이 돼 길드사회주의 운동을 이끌게 된다. 이 시기에 콜은 그의 길드사회주의 사상을 대표하게 될 명저들을 쏟아냈다. 전쟁 발발 1년 전에 발표한 『노동의 세계(The World of Labour)』(1913)를 필두로 『산업 분야의 자치(Self-Government in Industry)』(1917), 『길드사회주의 재론(Guild Socialism Re-stated)』(1920) 등이 그 책들이다.

이 가운데에서도 『길드사회주의 재론』은 콜의 성숙한 길드사회주의 구상을 체계적으로 요약 설명하는 저작이다. 여기에서 콜의 출발점은 다름 아닌 웹 부부의 『산업민주주의』의 마지막 결론이다. 즉 정치 영역에 제한된 민주주의가 산업 영역으로 확장돼야 한다는 명제다. 이 책의 미국판 제목 '길드 사회주의: 경제 민주주의를 위한 계획'은 이 주장을 선명히 드러낸다. 콜은 웹 부부가 『산업민주주의』의 마지막 장에서 명쾌한 답은 내놓지 않은 채 물음만 던진 주제에서 출발한다. 시민들이 잘 안다고는 할 수 없는 사회 전체의 문제를 다룰 공직자를 뽑을 권리는 인정하면서 왜 각자가 가장 잘 아는 직업 영역에서 아래로부터 대표를 뽑을 권리는 인정하지 않느냐는 물음이 그것이다. 콜은 단지 이 의

문을 반복할 뿐만 아니라 바로 이러한 역설 때문에 정치적 민주주의 또한 제약되거나 왜곡된다는 점을 강조한다. 즉 민주주의가 정치 영역에 갇혀 있는 것만 문제가 아니다. 정치 영역에 한정된 민주주의 자체도 민주주의라는 말에 값하는 대표성과 효과성을 지니지 못하게 된다.

왜 그러한가? 콜은 자본주의 사회의 의회제가 다음 두 가지 점에서 근본적 한계가 있다고 지적한다. 첫째는 유권자가 의원을 실질적으로 통제할 수 없고, 통제하길 원한다면 임기가 다 끝나 선거를 새로 실시할 때까지 기다려야 한다는 점이다. 따라서 선출된 대표자가 반드시 선출권자들의 의사를 반영하는 결정을 내려야 한다는 '명령적(혹은 구속적) 위임(imperative mandate)' 원칙이 작동할 수 없다. 둘째는 유권자가 자신을 대의할 사람을 1인만 선출하도록 돼 있다는 점이다. 형식상 이 1인의 대표자가 모든 사회 문제에 대해 유권자를 대변하게 돼 있다. 그러나 복잡한 현대사회에서 모든 문제에 대해 뜻을 같이 하는 대표자를 선택하기란 불가능하다. 예를 들면 조세정책이나 외교 문제에 견해를 같이 하는 공직 후보라 하더라도 직장에서 벌어지는 기술적 문제나 여러 고충까지 의견이 같을 수는 없다.[28] 이런 근본 문제 탓에 기성 대

---

28 G. D. H. Cole, *Guild Socialism: A Plan for Economic Democracy*, Frederick A. Sokes Company, 1920. pp.22-23.

의민주주의는 제대로 된 '대의'민주주의라 할 수 없게 된다. '대의'가 실제로 이뤄진다고 보기 힘든 것이다.

콜은 이런 현실과 대비해 진정한 민주적 대의제의 두 가지 원칙을 강조한다. 첫째, 대의되는 자들이 대의하는 자를 자유롭게 선택하며, 일상적으로 접촉하고, 상당한 통제권을 행사해야 한다. 둘째, 유권자들이 사회생활의 '모든' 측면이 아니라 '특정한' 일부 목표 혹은 일부 기능을 대의하기 위해 대표자를 선출해야 한다. 해당 사회에 반드시 필요한 핵심 기능들에 따라 복수의 대의 절차와 기구, 권한이 구축돼야 하는 것이다. 이 점에서 민주적 대의제는 반드시 '기능적' 대의제여야만 한다.[29] 콜은 이러한 기능적 대의제 원칙에서 산업민주주의의 근본적인 필요성과 중요성을 찾는다. 한 사회가 존립하려면 여러 기능이 필요하겠지만, 그 가운데에서 결코 빠뜨릴 수 없는 것이 재화와 서비스의 생산이고 그 유통, 분배다. 현존 대의제가 기능적 대의제로 발전하려면, 무엇보다도 이러한 경제적 기능을 다루는 대의 구조가 수립되고 작동해야만 한다. 이렇게 산업민주주의가 구현될 때에만 기존의 정치적 민주주의도 이와 결합돼 비로소 모든 인간 생활과 사회 전반을 포괄하는 민주적 대의 체계를 구성하게 된다.

콜이 보기에 길드사회주의의 본령은 기능적 민주주의를 통해

[29] 위의 책, pp.23-24.

자본주의적 민주주의의 한계를 뛰어넘으려는 데 있다. 자본주의와 민주주의가 병존하는 기존 체제에서는 자본의 지배 때문에 기능적 민주주의가 발전할 수 없다. 그러니 비록 민주주의가 병존한다 하더라도 그 실제 내용은 끊임없이 형해화되고 후퇴한다. 그런데 콜은 페이비언사회주의나 생디칼리슴이 이런 현실을 공격하면서도 이를 넘어설 대안을 제대로 제시하지 못했다고 비판한다. 그것은 이들 조류가 사회의 필수적인 경제적 기능에 생산과 소비라는 양 측면이 존재함을 간과했기 때문이다.

웹 부부가 대표하는 페이비언사회주의나 독일 사회민주당식 정통 마르크스주의는 생산자만이 아닌 인민 전체를 대표하는 기관이 사회변혁 과정의 중심이 돼야 한다고 주장했다. 이들에게는 다름 아니라 국가가 그러한 기관이었다. 그러나 콜은 이들이 인민 전체를 대변해야 한다고 하면서 실은 생산자를 포함한 다양한 주체들을 소비자로 환원시킨다고 지적한다. 자본주의적 민주주의에서 물려받은 의회제를 통해서는 시민 생활의 여러 측면 중에서도 특히 소비 기능과 관련된 이해관계만 주로 대변되기 쉽다. 페이비언협회나 독일 사회민주당이 상정하는 국가사회주의에서는 국가가 이러한 소비자의 집단 의지를 반영해 생산 체계에 명령을 내리게 된다. 이 경우 생산 현장에서는 여전히 비민주적 상태가 지배하게 된다. 반면 국가사회주의를 비판하며 등장한 생디칼리슴에서는 정반대 위험이 나타나기 쉽다. 생산자 자치기구인 노동조합이 사회 전체를 대표하게 돼 있기 때문에 각 산업 부문을 넘어서는 이해관계가 제대로 대변되거나 조정되지 못할 가능성이 높다. 국가사회주의와는 반대로 생산자 자치가 사회 전체의 민주주의를 위협할지 모르는 것이다. 국가사회주의 조류들에서 국가가 일종의 확대된 소비협동조합이라는 점에서 이들의 문제점이 '협동조합 편향'에 있다면, 생디칼리슴의 경우는 '(산업별) 노동조합 편향'이 문제다.[30]

그래서 콜의 길드사회주의에는 홉슨의 구상과 달리 생산자 길드만 있지 않다. 생산자들에게 자치기구가 필요한 만큼 시민의 소비자 측면을 대변할 자치기구도 필요하다. 또한 농업이나 보건, 교육, 문화처럼 특수한 영역에 적합한 생산자와 이용자의 자치기구들도 있어야 한다. 이들이 서로 소통하고 협상, 조정하면서 사회 전체의 경제적 기능을 책임지는 대의 체계를 구성하게 된다.

하지만 뭐니 뭐니 해도 길드사회주의의 가장 기본적인 원칙은 누구나 자기 삶에 직접 영향을 끼치는 대표자에 대해서는 자기가 직접 선출권을 가져야 한다는 것이다. 물론 생산 영역에서도 마찬가지다. 특정 단위의 노동자들에게 영향력을 끼치는 길드 지도자는 해당 단위 노동자들에 의해 선출돼야 한다. 그중에서도 특히 작업 현장 수준에서는 단위별 노동자 총투표로 직접 대표

---

30 위의 책, p.27.

자 혹은 지도자를 선출해야 하며, 소환권도 보장돼야 한다. 이렇게 노동 현장 수준에서 아래로부터 민주주의가 생생히 살아 있어야만 산업민주주의의 다른 가치와 목표도 실현될 수 있다는 것이 콜의 신념이었고, 『G. D. H. 콜의 산업민주주의』를 집필한 만년까지도 이 신념은 변치 않았다. 그에게 '산업민주주의의 자연스럽고도 근본적인 단위'는 언제나 '공장', 즉 작업 현장이었다.

"공장 혹은 작업장은 길드 생활의 자연스러운 단위가 될 것이다. 각 작업장은 대부분 내부 자치로 운영될 것이고, 길드의 상위 지역 기관과 전국 기관의 기본 단위 및 토대가 될 것이다. 개별 단위로서 각 공장의 자유는 근본적인 중요성을 지닌다. 왜냐하면 산업에서 진정으로 민주적인 조건을 수립하여 자유로운 서비스의 정신을 끌어내는 것이 전체 길드 시스템의 목표이기 때문이다. 실질적인 민주주의라면 길드의 모든 개별 조합원의 가슴에 와 닿아야 하며, 이들이 직접 행사할 수 있는 것이어야 한다. 길드 조합원은 **작업을 하면서** 자신이 실질적인 자치와 자유를 누리고 있다고 느껴야만 한다. 그렇지 않을 경우 조합원은 열심히 일하지 않을 것이며 공동체 정신이 생동하지도 않을 것이다. 게다가 연합된 서비스로서 길드의 핵심 토대, 즉 연합의 정신은 그것이 가장 잘 표현될 수 있는 영역에서 자유롭게 작동해야 한다. 그 영역은 다름 아니라 협동의 습속과 전통이 살아 있는 곳, 공장이다. 공장은 산업민주주의의 자연스럽고도 근본적인 단위다."[31]

콜은 이런 공장 단위 민주주의를 토대 삼아 그 위에 한 층, 한 층을 쌓는 식으로 길드사회주의의 생산 체계를 수립할 수 있다고 보았다. 공장 대표들은 현장 노동자들이 직접 선출하지만, 상급 단위로 올라갈수록 이런 선출 방식이 잘 맞지 않을 수도 있다. 콜은 이 경우에 하급 단위 대표들이 호선을 통해 상급 단위 대표를 선출하는 방식을 취할 수 있다고 제안한다. 가령 공장 대표들이 대의원대회를 열어 지역이나 직종 대표들을 선출, 구성할 수 있다. 그리고 다시 이들 대표가 대의원대회를 개최해 산업 전체의 지도자들을 선출할 수 있다. 이렇게 각 공장에서부터 선출돼 상향식으로 구성된 민주적 지도 집단이 각 산업을 운영한다. 이것이 산업별 전국 길드이고, 이들 길드가 모여 산업 길드 의회를 이룬다. 생산 계획과 집행은 이제 기업 간 경쟁이나 관료적 지령이 아니라 산업 길드 의회 내의 협의와 조정, 합의로 이뤄진다.

소비자 조직도 마찬가지 방식으로 구성된다. 기초 지방자치단체 수준에서 소비 기능을 맡는 평의회를 민주적 선출로 구성하면 이 평의회들에서 선출한 대표들이 다시 광역 지자체 수준 평의회를 이루고, 전국 수준 평의회도 같은 방식으로 구성된다. 더

---

31 위의 책, p.40. 강조는 원저자의 것.

나아가 콜은 기존 국가기구 역시 평의회들이 상향식으로 피라미드를 쌓는 방식으로 개편해야 한다고 주장한다. 콜은 이 체계를 '코뮌'이라 이름 붙였다. 여기에서 그의 입장은 『국가와 혁명』에 전개된 레닌의 자본주의 국가 비판 및 국가 사멸론에 근접하며, 동년배인 유럽 대륙의 평의회 마르크스주의자들과 별 차이가 없다. 읍·면·동 수준에서는 주민 참여에 바탕을 둔 마을(Town) 코뮌을 두고, 마을 코뮌들에서 뽑힌 대의원들로 시·군·구 단위의 구역(Ward) 코뮌을 구성한다. 구역 코뮌 단계에서부터는 마을 코뮌 대표자들뿐만 아니라 해당 지역의 각종 생산자 길드 및 소비자 조직 대표자들도 구성원이 된다. 구역 다음에는 광역(Regional) 코뮌이 있고, 마지막으로 전국 코뮌이 있다. 전국 코뮌 역시 하급 코뮌들과 같은 원리에 따라 광역 코뮌 대표들과 각 생산자 길드 및 소비자 조직의 전국 대표들로 구성된다. 전국 코뮌은 행정이나 외교처럼 기존 국가기구가 수행하던 주요 업무를 비관료적인 방식으로 수행하며, 경제적 기능에 따라 조직된 자치기구들의 최종적인 협상과 조정, 합의를 통해 전국 단위 경제 계획을 수립하고 집행한다.

현재 시각으로 보면, 그 시절 젊은 혁명가들의 글이 다 그렇듯 너무 이상적으로 보이기도 한다. 특히 콜의 경우에는 지나치게 잘 짜인 길드와 코뮌 체계를 제시하는 탓에 오히려 더 현실과 거리가 멀지 않나 하는 의구심을 불러일으킨다.[32] 그러나 우리가 주목해야 할 것은 콜의 청사진에 담긴 세세한 내용보다는 그 밑바탕에 자리한 독특한 시대정신이다. 그것은 세기 초의 산업별 노동조합 건설운동과 10월 혁명 전후의 격동 속에서 작렬한 산업민주주의와 탈자본주의에 대한 낙관주의다. 젊은 콜은 작업장에서부터 노동자들이 상향식으로 선출한 대의 기구가 공장을 경영할 수 있다고 보았다. 아니, 단순히 한 공장 수준을 넘어 일국의 특정 산업 전반이 생산자 자치기구가 민주적으로 선출한 집행부에 의해 운영될 수 있다고 내다봤다. 이것은 탈자본주의 단계에서조차 노동자들의 개입 범위를 내셔널 미니멈, 즉 급여나 노동조건 등의 최저 기준 설정 정도로 봤던 웹 부부의 시각과 너무도 다른 것이었다. 웹 부부는 사회주의 체제에서도 경제계획 수립과 집행은 여전히 의회 엘리트나 관료들의 몫이 되리라 봤지만, 콜은 생산자 및 소비자 자치기구들의 각급 대표자들이 해당 조직의 평조합원들과 일상적으로 소통하면서 이런 역할을 수행해야 하다고 주장했다. 웹 부부에게 산업민주주의란 자본주의에서든 사회주의에서든 엘리트에 맞설 노동자들의 대항력을 확보하는 다분히 수세적인 것이었지만, 콜과 동료 길드사회주의자들에게 산

---

32 콜이 한창 길드사회주의를 열렬히 주창할 무렵(1919년)에 그람시가 발표한 논설 『노동자 민주주의』 역시 비슷한 인상을 준다. 안토니오 그람시, 『안토니오 그람시: 옥중수고 이전』, 리처드 벨라미 편, 김현우·장석준 옮김, 갈무리, 2001, 155-158쪽.

업민주주의란 현장 노동자들로부터 발원하는 기능적 민주주의를 통해 자본주의와 국가사회주의를 모두 극복하는 혁명적 대안이었던 것이다.

이는 길드사회주의자들만의 별난 특징은 아니었다. 10월 혁명 직후의 러시아 혁명정부나 평의회 마르크스주의자들과 공유하는 낙관주의였다. 그런데 길드사회주의자들에게는 이들과 구별되는 또 다른 낙관적 신념이 있었다. 이들은 자본주의 사회에서 탄생하고 성장한 노동조합과 소비협동조합이 탈자본주의 사회의 민중 자치기구로 진화할 수 있다고 보았다. 노동조합이 생산을 관리할 수 있다고 본 생디칼리슴과 비슷하면서도 좀 다른 주장이다. 일단 생디칼리스트들은 산업별 노동조합만을 강조했지만, 콜과 동지들은 새로운 사회의 조직적 맹아로서 노동조합뿐만 아니라 소비협동조합도 중시했다. 또한 프랑스 생디칼리스트들은 현존 산업별 노동조합이 곧바로 생산관리 임무를 맡을 수 있다는 입장이었지만, 길드사회주의자들은 노동조합에서 길드(혹은 평의회)로 변화하는 과정을 거쳐야 한다고 생각했다. 콜은 특히 네 가지 변화가 필요하다고 지적한다. 첫째 직업별 노동조합의 자취를 일소하고 보다 산업별 구획에 맞게 재편돼야 하고, 둘째 이제까지 노동조합 바깥에 있던 노동자들(가령 사무직이나 미숙련 노동자)을 남김없이 조직해야 하며, 셋째 노동조합 내부 민주주의를 발전시켜야 하고, 넷째 국가에 대해 선명하고 구체적인 정책을 제시할 능력을 갖춰야 한다.[33] 하지만 어쨌든 길드사회주의자들에게 길드란 현존 노동조합과 어느 정도 연속된 것이었고, 산업 길드 의회(Industrial Guilds Congress)는 영국 노총인 노동조합회의(Trades Union Congress: TUC)가 진화한 산물일 것이라 상정됐다. 굳이 말하면, 현존 노동조합과 미래 생산 자치기구의 연속/단절 관계에 대한 길드사회주의의 입장은 생디칼리슴과 평의회 마르크스주의 사이 어딘가에 있었다.

제1차 세계대전이 끝나고 나서 한동안 길드사회주의 운동은 전성기를 구가했다. 1922년 이 운동에 공감하는 이론가와 활동가가 결집해 전국길드평의회(NGC)를 결성했다. 홉슨은 100여 년 전에 오언주의자들이 시도했던 것처럼 건설업에서 실제로 길드를 만들어 운영하는 실험을 펼쳤다. 이 시기에 유럽 대륙에서도 1918년 혁명이 휩쓸고 간 독일, 오스트리아에 노동자평의회들이 등장했다. 이탈리아에서는 1920년에 그람시를 중심으로 한 토리노의 젊은 마르크스주의자들이 피아트(FIAT) 공장 노동자들과 결합해 공장평의회를 만들고 공장 점거파업 중에 경영진의 감독 없이 자동차를 생산했다. 이런 시도에 참여한 이들은 길드사회주의를 자신들과 비슷한 문제의식과 이상에서 출발한 동지적 사상으로 환영했다. 특히 오스트리아에서는 의회민주주의 체제 아래

---

33   Cole, *Guild Socialism*, pp.174-175.

서 노동자평의회의 역할을 찾던 오토 바우어(Otto Bauer) 등의 사회민주노동당 좌파가 길드사회주의에 주목했다.[34] 이 시기에 빈에 망명 중이던 칼 폴라니(Karl Polanyi)도 이들을 통해 길드사회주의를 수용했다.[35] 콜의 사상에 깊이 공감한 또 다른 주요 사상가로는 스웨덴 복지국가 건설에서 중요한 역할을 맡게 되는 사회민주당 이론가 에른스트 비그포르스(Ernst Wigforss)가 있었다. 그는 길드사회주의를 나름대로 변형한 '소유주 없는 사회적 기업' 구상을 발전시켰고, 이는 훗날 루돌프 마이드너(Rudolf Meidner)의 임노동자기금 방안으로 이어지게 된다.[36] 한편 소비에트 연방에서는 전 노동인민위원 실리아프니코프와 알렉산드라 콜론타이(Alexandra Kollontai) 등을 중심으로 한 공산당 내 노동자 반대파가 산업별 노동조합을 생산 관리의 주체로 삼는 대안을 제시했다. 혁명 초기에 번성한 공장위원회들이 내전 과정에서 형해화됐기에 노동조합을 노동자의 생산 통제 통로로 삼기는 했지만, 이들의 구상 역시 길드사회주의와 통하는 데가 있었다.[37] 1920년대

---

34 개러스 데일, 『칼 폴라니: 왼편의 삶』, 황성원 옮김, 홍기빈 감수, 마농지, 2019, 131쪽.

35 위의 책, 127-136쪽.

36 다음 책들을 참고할 것. 홍기빈, 『비그포르스, 복지 국가와 잠정적 유토피아』, 책세상, 2011; 신정완, 『임노동자기금 논쟁과 스웨덴 사회민주주의』, 여강, 2000, 186-213쪽(개정판은 『복지자본주의냐 민주적 사회주의냐: 임노동자기금논쟁과 스웨덴 사회민주주의』, 사회평론, 2012).

에 길드사회주의는 영국만이 아니라 유럽 대륙 좌파에게도 체계적이면서 과감한 산업민주주의 구상으로 각광받았던 것이다.[38]

그러나 전성기는 길지 못했다. 건설업 길드가 다른 건설업체들과의 경쟁 때문에 파산하자 이를 지원하던 전국길드연맹도 심각한 재정난에 빠지고 말았다. 덩달아 노동자 생산 통제의 모범 사례를 만들어 노동운동 내에서 산업민주주의의 열망을 고양시키겠다던 길드사회주의자들의 전략도 흔들렸다. 더 심각한 문제는 전국길드연맹 내의 정치적 분열이었다. 우선 《더 뉴 에이지》에 모여 있던 선배들과 콜을 비롯한 신세대 사이에 골이 깊어졌다. 후자는 유럽 여러 나라의 혁명운동에 관심을 기울이고 이들과 연대하려 했지만, 전자는 이에 소극적이었다. 선배 길드사회주의자들은 현대 기본소득론의 선구 격인 C. H. 더글러스(Clifford Hugh Douglas)의 사회신용론에 기울면서 길드사회주의 대열을 떠났다. 다른 한편 신세대 길드사회주의자들 사이에서도 공산당에 입당하려는 이들과, 콜처럼 혁명적 사회주의에 일정하게 공감하면서

---

37 노동자 반대파에 대해서는 다음 문헌을 참고할 수 있다. 장석준·우석영, 『21세기를 살았던 20세기 사상가들: 미래는 과거에 있다』, '제15장 노동자가 직접 생산을 통제해야 한다: 알렉산드르 실리아프니코프의 노동자 통제', 책세상, 2019.

38 '민주적 사회주의자'라 자처한 철학자 버트런드 러셀(Bertrand Russell)은 다음 책에서 길드사회주의를 국가사회주의와 아나키즘, 생디칼리슴의 단점을 극복한 대안으로 평가했다. B. 러셀, 『버트런드 러셀의 자유로 가는 길』, 장성주 옮김, 함께읽는책, 2012.

도 노동당에 남아 활동하려는 이들이 갈렸다. 이런 분열이 거듭된 끝에 1920년대 말이 되자 길드사회주의 '운동'이라 할 수 있는 흐름은 영국 안에서도 더는 눈에 띄지 않게 됐다.

콜조차 이 무렵부터는 주된 관심이 바뀌었다. 그는 노동자교육협회(WEA) 활동에 주력하면서 사회주의와 노동운동의 역사를 정리하는 책들을 펴냈다. 노동당의 정책 전문가로서 당대회나 총선을 앞두고 정책 제안서를 제출했지만, 핵심 정책으로 내놓은 것은 대체로 실업 대책이었다. 다른 이론가들과 달리 노동자의 생산 관리 가능성을 끊임없이 언급하기는 했지만, 한동안은 콜의 잇단 저작들에서도 이것이 주제가 되지는 못했다. 시대가 그러했다. 1929년 대공황 이후 노동운동의 관심은 온통 고용 문제에 쏠려 있었다. 소련에서는 파국에 빠진 자본주의를 비웃기라도 하듯 5개년 계획이 시작돼 국가 주도 사회주의 체제가 급성장했다. 성장 속도가 너무도 경이로워 웹 부부 같은 완고한 의회사회주의자들조차 소련 예찬론자로 전향할 정도였다.[39] 대서양 건너에서는 미국 정부가 뉴딜 정책을 펴며 케인스주의를 자본주의 세계의 새로운 표준으로 삼기 시작했다. 이제 시대정신은 국가의 시장 개입으로 완전고용과 최저생활 보장을 실현하는 복지국가를 향했다. 이전의 자본주의에 비하면 분명 역사의 진보였지만, 여기에 산업

---

39 박홍규, 『복지국가의 탄생: 사회민주주의자 웹 부부의 삶과 생각』. 156-157쪽.

민주주의의 자리는 비어 있었다.

3. 노년기 콜의 산업민주주의론 - 『G. D. H. 콜의 산업민주주의』

제2차 세계대전이 아직 끝나지 않은 1945년 7월에 실시된 영국 총선에서 노동당이 하원 총 640석 가운데 393석을 차지하는 대승을 거뒀다. 클레멘트 애틀리(Clement Atlee) 총리가 이끈 노동당 정부는 과거 노동당이 집권했던 때와는 달리 총선 공약집(manifesto)에서 내건 사회개혁을 충실히 수행했다. 철도, 광산 등 주요 산업을 국유화했고, 무상 공공의료체계인 국민보건서비스(National Health Service: NHS)를 구축했으며, 지방자치단체가 소유-관리하는 공공주택을 대량 공급했다. 전후 영국 복지국가의 기틀이 놓인 것이다. 그런데 노동당 정부 정책 중 상당 부분은 노동당만의 것이라기보다는 보수당 일부와 자유당까지 합의한 내용이었다. 일부 산업 국유화를 제외하면 나머지 내용은 전시에 자유당원 윌리엄 베버리지(William Beveridge)가 거국내각의 위촉을 받아 작성한 보고서에 이미 담긴 것들이었다. 베버리지 보고서가 권고한 전후 복지국가의 핵심 원칙은 만인에게 최저 생활 기준을 보장한다는 것이었다. 물론 베버리지 보고서가 제안하고 노동당 정부가 실현한 국민보건서비스 구축 같은 경우는 이런 수준을 넘어 보편 복지를 지향했다. 그러나 대체로는 완전고용에도 불구하고 노동시장에서 밀려나 자립하지 못하는 계층을 복지 정책의 주된 대상자로 상정하고 이들의 생활수준이 일정 한도 아래로 추락하지 않게 막는 데 치중했다. 웹 부부가 노동조합의 주된 과제로 정리했던 내셔널 미니멈 보장이 이제 국가의 책무가 된 것이다.

이런 상황에서 산업민주주의는 여전히 부차적인 관심사일 수밖에 없었다. 노동당이 집권해 '사회주의 영국'을 이야기할 정도로 시대가 바뀌었지만, 작업 현장 민주화보다는 작업 현장에 어떻게든 포함되는 것, 즉 완전고용 실현이 사회개혁의 주된 과제인 분위기는 전쟁을 겪고도 크게 바뀌지 않았다. 하지만 조금씩 기류가 바뀌는 조짐도 보였다. 국유화된 산업에서 여전히 사기업과 별반 다를 바 없이 노동자들이 경영에서 배제되는 양상이 나타나자 노동당과 노동조합에서 산업민주주의가 토론 주제로 부활하기 시작했다. 예를 들어 차기 총선 공약 논의를 위해 1948년에 발간된 노동당 정책 문서 「내일을 향해(Towards Tomorrow)」 제1호는 '산업민주주의'라는 제목 아래 이를 주요 토론 의제로 제시했다. 이 문서는 영국 노동운동에서 노동자의 생산 통제를 제기한 흐름들, 즉 오언주의, 생디칼리슴, 길드사회주의 등을 재평가한 뒤에 국유화된 부문과 아직 사적 자본이 주도하는 부문 모두에서 주요 경영 사항에 대해 사용자가 반드시 노동자와 협의해야 한다는 원칙을 강조했다. 비록 길드사회주의 시절의 야심찬 구호인 '노동자의 생산 통제' 대신 '노동자의 생산 통제 참여'를 노동당의 당면 정책으로 권하기는 했지만, 복지국가 건설과 산업민주주의 확대가 병행돼야 한다는 관점을 제기했다는 점만으로도 주목할 만한 문헌이었다.

영국만이 아니었다. 전쟁 이전부터 독점 대기업의 노동 현장을 지배해온 테일러주의 관행이 곳곳에서 비판 받기 시작했다. 테일러주의에서 노동자는 경영진의 결정을 수동적으로 실행하기만 하는, 사실상의 기계였다. 그래야 생산성을 최고로 높이고 결과적으로 사회 전체의 효용도 극대화할 수 있다는 것이었다. 그러나 오스트레일리아 출신 경영학자 조지 엘튼 메이요(George Elton Mayo)는 1924년에서 1932년에 걸쳐 미국 시카고 인근의 웨스턴 일렉트릭(Western Electric) 산하 호손 공장(Hawthorne Works)에서 실시한 실험 결과를 통해 이를 반박했다. 연구진은 노동자들에게 경영 관련 실험을 실시한다고 알린 뒤에 노동시간을 단축하고 휴식시간을 늘렸다. 그러자 생산성이 높아졌다. 연구진은 노동 조건을 다시 예전으로 되돌려 보았다. 한데 생산성은 떨어지지 않았다. 처음에 연구진은 당황했다. 그러나 메이요는 여기에서 흥미로운 결론을 이끌어냈다. 연구진이 작업장에 개입해 노동자들에게 실험을 친절하게 설명하는 바람에 호손 공장에서는 예전과는 달리 서로 마음을 터놓고 최대한 협력하려는 분위기가 지배하게 됐다. 노동자들은 노동시간 단축이나 휴식시간 신설 같은 몇몇 노동 조건의 변경보다는 오히려 강압적이었던 작업장 분위기의 전반적인 변화에 더 민감하게 반응했다. 메이요가 보기에 이는 노동자가 기계의 일부로 취급받는 게 아니라 생산을 공동 관리하는 협력자로 인정받을 때에 생산성과가 더 향상될 수 있음을 시사하는 것이었다.[40] 위에 소개한 노동당 토론 문서 「내일을 향해」 제1호 '산업민주주의'도 이러한 호손 공장 사례를 산업민주주의의 이상과 노력이 부활해야 할 중요한 근거로 인용했다.

국내에 잘 알려진 저자인 에리히 프롬(Erich Fromm) 역시 호손 공장 실험에 주목했다. 1930년대에 프랑크푸르트대학 사회조사연구소에서 마르크스주의에 정신분석학을 접목하며 프랑크푸르트학파의 초기 형성에 기여한 프롬은 전후에 미국에서 대중적인 독립 좌파 저술가로 활동했다. 한창 매카시즘이 미국 사회를 짓누르던 1950년대 중반에 그는 미국 사회당에 입당하고 마르크스 사상의 인간주의적 해석에 바탕을 둔 민주적 사회주의를 주창했다. 이때 나온 대표작이 『건전한 사회(The Sane Society)』(1955)인데, 이 책에서 프롬은 소비에트 사회주의뿐만 아니라 전후 서유럽 여러 나라에 확립된 복지국가 역시 비판했다. 혁명 러시아에서는 생산수단을 전면 국유화했고 영국 애틀리 정부도 상당수 산업

---

40 George Elton Mayo, *The Human Problems of an Industrial Civilization*, Routledge, 2003 [reprint edition].

「G. D. H. 콜의 산업민주주의」 해제

부문을 국유화했지만, 모두 대중의 자유를 증진하기보다는 관료적 통제만 강화했다는 것이다. 『건전한 사회』에서 프롬은 생산수단의 사회화만으로 환원될 수 없는 사회주의 사상-운동의 또 다른 중대한 이상을 재조명함으로써 전후 사회민주주의, 소련식 사회주의 모두와 구별되는 제3의 길을 제시하려 한다. 프롬이 주목하는 이상은 사회생활의 모든 측면에 대한 대중의 적극적 참여이다. 그는 사회의 여러 영역 가운데에서도 특히 생산 현장에서 시급히 이 이상이 부활해야 한다고 주장하고, 그 구체적인 근거로 호손 공장 실험을 든다.[41] 또한 흥미로운 것은 프롬이 노동자의 직접적 산업관리를 새로운 사회주의의 핵심 과제로 강조하면서 다름 아닌 콜의 길드사회주의를 이런 대안의 원형으로 높이 평가한다는 점이다.

마르크스주의적 사회주의의 실패는 바로 재산권과 순전히 경제적인 요인을 이와 같이 부르주아적으로 과대평가한 데에 기인한다. 물론 이와 같은 과대평가가 어느 의미에서는 인기의 원인이기도 하다. 그러나 다른 사회주의 학파에서는 마르크스주의 고유

---

41 에리히 프롬, 『건전한 사회』, 김병익 옮김, 범우사, 1984, 280-283쪽. 참고로 프롬은 이런 맥락에서 유고슬라비아의 노동자 자주관리 사회주의에도 지대한 관심을 보였다. 비록 이 글에서는 상세히 다루지 못하지만, 유고슬라비아 노동자 자주관리 실험은 우리 시대에 산업민주주의를 새롭게 설계하고 추진하면서 반드시 철저히 재검토하고 재평가해야 할 중요한 참고 사례임에 분명하다.

의 함정을 훨씬 깊이 인식해왔으며, 따라서 사회주의의 목적을 훨씬 적절하고 간결하게 설명했다. 오언주의자, 생디칼리스트, 무정부주의자, 길드사회주의자 등 여러 파의 사회주의자들은 중요한 관심사에 있어서는 견해를 같이한다. 그것은 노동에 있어서 노동자의 사회적 인간적 상황과 동료 노동자들과 관계 맺는 방식에 대한 관심사다. (…) 일반적으로 '공산주의적 사회주의'라고 해도 좋을 이런 모든 형태의 사회주의가 내세우는 목적은 '한 사람 한 사람의 노동자가 적극적이고 책임감 있는 참가자가 되며 자본이 노동을 고용하는 것이 아니라 노동이 자본을 고용하는' 산업조직이었다. 이들은 1차적으로 소유의 문제가 아닌 노동의 조직 및 인간 사이의 사회적 관계를 강조했다. (…) 서로 간의 상당한 차이점이 있음에도 불구하고 생디칼리스트, 무정부주의자, 길드사회주의자, 마르크스주의적 사회주의자 등에 공통되는 이와 같은 공산주의적 사회사상의 원리에 대한 일반적인 안목을 독자들에게 주기 위하여, 나는 콜의 공식을 인용하려 한다.[42]

마침내 길드사회주의에 부활의 때가 도래한 것인가? 1950년대에 그럼 콜 자신은 무엇을 하고 있었는가? 이미 60대가 된 그는 노동당 주류에게 '불편한' 원로 대접을 받고 있었다. 이 무렵 노

---

42 위의 책, 262-263쪽. 번역어 일부 수정.

동당에서는 앤터니 크로슬랜드(Anthony Crosland)의 신수정주의가 주류 노선으로 부상하는 중이었다. 크로슬랜드는 1956년에 발표한 저서 『사회주의의 미래(The Future of Socialism)』에서 이제 사회주의란 생산수단을 사회적 소유로 만드는 것이 아니라 케인스주의 재정 정책을 통해 복지국가를 유지, 확대하는 것을 뜻한다고 주장했다. 실은 콜 역시 국유화만 강조했던 애틀리 정부(1951년에 보수당에게 권좌를 넘겨주었다) 시기의 사회주의관에는 불만이 많았다. 그러나 이제 사회주의 정당에게 남은 무기는 케인스주의적 혼합경제 관리 정책뿐이라는 크로슬랜드식 대안에는 동의할 수 없었다. 콜은 옥스퍼드대학에서 '콜 그룹'이라 불린 세미나 모임을 지속하며 새 세대 좌파 지식인들을 육성[43]하는 한편 '세계 사회주의운동'이라는 이름으로 노동당 좌파를 비롯한 유럽 사회주의 정당 내 급진좌파들의 네트워크를 결성해 사회주의 이념-운동을 새롭게 정초하려 했다. 콜 역시 프롬과 마찬가지로 전후 사회민주주의, 소련식 사회주의 모두와 구별되는 민주적 사회주의 노선을 구축하려 했는데, 만년의 콜이 특히 강조한 것은 북반구 사회주의 세력이 남반구 반제국주의 해방운동과 적극 연대해야 한다는 점이었다. 콜이 사망(1959년)한 뒤에 본격적으로 개화할 신좌파

---

43 영국 신좌파(New Left)의 주요 이론가로 떠오르게 될 스튜어트 홀(Stuart Hall) 등이 초기에 이 모임의 영향을 크게 받았다.

사조를 예고하는 행보였다.

　그런데 콜이 말년에 마치 유언처럼 강조한 것이 국제주의만
은 아니었다. 그는 젊은 시절의 이상이었던 산업민주주의를 끝까
지 손에서 놓지 않았다. 1957년에 그는 평생에 걸친 고민의 마지
막 결산으로서 이 책 『G. D. H. 콜의 산업민주주의』를 발표했다.
1953년에 제1권이 출간된 뒤 사후인 1960년에 제5권이 나와 완
간된 『사회주의 사상사(A History of Socialist Thought)』를 제외하면,
콜의 마지막 저작인 셈이다. 이 책에서 그는 복지국가 건설 이후
민주적 사회주의의 주된 과제 가운데 하나는 길드사회주의 시기
의 이상과 원칙을 새로운 조건에 맞게 계속 전개하는 것임을 역
설한다. 그럼 『G. D. H. 콜의 산업민주주의』의 각 장에 콜이 남겨
놓은 고민과 메시지가 무엇인지 짚어보자.

　'제1장 서론'에서 콜은 전후 노동당 정부가 이룬 위대한 성과를
높이 평가하면서도 그 한계를 냉정히 짚는다. 만인에게 최저 생
활 기준을 보장해야 한다는 베버리지 보고서의 권고에 바탕을
두고 수립된 복지국가는 물론 역사 진보의 거대한 한 걸음이었
다. 그러나 베버리지 보고서는 사회정책의 주된 대상을 자력으로
생계를 유지할 수 없는 이들로 제한했다. 완전고용이 실현된 덕분
에 안정된 임금소득을 확보할 수 있는 이들은 여전히 스스로 알
아서 살아가야 했다. 그래서 한 가지 근본적인 사실이 제대로 주
목받지 못했다. 그것은 복지국가에서도 노동자의 불평등한 지위

는 전혀 개선되지 못했다는 점이었다. 콜이 보기에 자본주의에서 불평등의 핵심은 '소득' 격차에 있지 않다. 복지국가는 소득 격차를 일정하게 완화했지만, 불평등의 보다 뿌리 깊은 측면은 끈질기게 이어지고 있다. 그것은 바로 자본 소유자와 임금 노동자 사이에서 나타나는 서로 다른 '지위(status)'다.

콜이 말하는 지위란 권력 혹은 권리와 관련된다. 민주주의 원칙에 따르면, 시민들 사이에 더 많은 권리를 지닌 이들과 그렇지 못한 이들이 있어서는 안 된다. 그러나 자본주의와 결합된 현실 민주주의에서는 사정이 그렇지 못하다. 자기 삶과 직결된 영역에서 결정권이 거의 없는 이들이 있고, 수많은 타인들의 생사를 좌우하는 막대한 결정권을 지닌 이들이 있다. 전자와 후자는 서로 지위가 다르다. 복지자본주의에서도 다수 노동자는 전자의 지위에 머무는 반면 소수 자본가가 여전히 결정권을 독점한다. 소득의 불평등은 그야말로 '격차'의 문제이지만, 지위의 불평등은 '지배'와 관련된다. 누가 누구를 지배하느냐는 문제다. 애초에 사회주의 이념-운동이 내건 평등은 단순한 소득 격차 해소가 아니라 이런 지배의 타파를 뜻하는 것이었다. 그러나 전후 복지국가는 실업 상태가 아닌, 즉 현재 고용된 상태인 노동자를 사회개혁의 긴급한 대상에서 제외함으로써 이 근본 과제를 시야에서 밀어내 버렸다. '제11장 결론'에서 콜은 이를 다음과 같이 깔끔하게 정리한다.

'평등'은 소득이나 소유[자산]의 평등만을 의미하지 않[는다].
아니, 만약 격차가 사람들이 상당히 평등한 조건에서 사회적으로
협력하지 못하게 방해할 만큼 크지만 않다면, 평등이 꼭 소득이
나 소유의 평등을 의미하지 않아도 된다. 진정 배척돼야 할 것은
상호 대등한 교류를 파괴할 정도로 큰 부의 격차, 권리와 의무의
참된 상호 의존 관계를 방해할 정도로 광범해진 지위의 차이다.[44]

'제2장 산업민주주의를 주창한다'에서 콜은 이런 역사적 교착
상태에서 영국 좌파가 상기해야 할 전통을 다시 불러낸다. 그것
은 다름 아닌 길드사회주의다. 콜은 자신이 "산업민주주의의 지
칠 줄 모르는 주창자"로서 "정치 문제뿐만 아니라 산업 문제에도
민주적 방식을 적용하지 않는 한 어떤 사회도 진정 민주적 토대
위에 서 있다고 할 수 없다는 시각을 한 번도 포기한 적이 없다"
고 역설한다. 그러면서 이미 젊은 시절에 제기했던 물음을 다시
던진다. 정치권 시민권을 인정받고 이를 투표장에서 행사하는 보
통사람들이 왜 자기 삶과 훨씬 더 직결돼 있고 관련 지식이나 경
험도 더 풍부히 갖춘 노동 현장에서는 그런 권리를 인정받지 못
하는가? 특히 주주자본주의에서 이런 현실은 더욱 부조리한 모
습으로 다가온다. 수십 년째 회사에 근속한 노동자는 해당 기업

44 이 책, 163쪽.

의 생산 활동에 아무런 목소리를 못 내는 반면 오직 주식을 보유했다는 이유만으로 부재 주주들이 결정권을 휘두른다. 콜의 표현에 따르면, "노동자는 소속 기업 안의 협업자가 아니라 사용자가 더 이상 그들의 업무를 필요로 하지 않을 경우라면 언제든 해고될 수 있는 '일손'에 불과하다."

이런 문제의식은 자연히 복지국가 수립 이후의 과제는 산업민주주의라는 주장으로 이어진다. 베버리지 보고서가 권고한 복지 정책을 완수한 영국 노동당은 사회개혁의 다음 단계 과제로서 옛 길드사회주의의 이상과 원칙을 되살려야 한다는 것이다. 단, 그 구체적인 실천 방안은 20세기 중반에 맞이한 새로운 조건과 그간 쌓은 경험을 바탕으로 다시 마련돼야 한다. 『G. D. H. 콜의 산업민주주의』의 핵심 주제는 1950년대 영국 상황에 맞춰 콜이 제안하는 그 실천 방안이다. 산업민주주의를 둘러싼 흔한 논의와는 달리 콜은 단순히 현행 노사협의제도를 강화하거나 노동조합 대표들을 이사회에 참여시키는 것은 바람직한 대안이 될 수 없다고 주장한다. 이는 책 전체에서 콜이 반복적으로 강조하는 내용인데, 대신 그가 내놓는 방안은 노동자가 소속 기업과 산업 안에서 협업자 지위를 갖게 하자는 것이다.

여기에서 '협업자'의 원어는 partner(ship)이다. '동업자'로도 번역할 수 있지만, 콜은 사업상의 이해관계를 함께하는 co-partner와, 생산을 함께 수행하며 협력하는 partner를 엄격히 구별한다.

그래서 co-partner는 '동업자'로 옮기고, partner는 '협업자'로 옮겼다. 협업자 개념은 이렇게 동업자 개념과 구별되지만, 그 전에 더 중요한 것은 이제까지 자본주의에서 상식이었던 피고용자('일손') 개념과 대비하는 것이다. 피고용자는 아무리 숙련도가 높고 열심히 일해도 사용자가 해고하면 일터를 떠나야 한다. 콜이 보기에는 이것이야말로 노동자가 작업 현장에서 시민권자가 되지 못하는 근본 이유다. 타인의 결정에 따라 일방적으로 어떤 장소에서 배제될 수 있는 자가 그 장소에서 시민권자로 인정받는다는 것은 모순이다. 이런 기본적인 모순 때문에 지금껏 자본주의 생산 현장에서는 노동자가 산업민주주의를 향해 단 한 걸음도 내딛기 힘들었다. 콜은 이 모순을 혁파하는 것이야말로 산업민주주의의 주춧돌을 놓는 일이라 여긴 듯하다.

이 주장을 이렇게도 정식화해볼 수 있다. 애틀리 정부가 한창 사회개혁을 추진하던 중인 1950년에 런던정치경제대학 교수 T. H. 마셜Thomas Humphrey Marshall(1893-1981)은 '시민권과 사회계급'이라는 제목의 유명한 강연을 했다. 이 강연에서 마셜은 복지국가란 노동권이나 건강권, 주거권 같은 사회적 권리들에 접근할 기본 권리인 사회적 시민권(social citizenship)을 보장하는 국가라 정리했다. 그런데 이 강연의 한 대목에서 그는 지나가는 말로 '산업적 시민권'을 언급했다.

단체교섭의 수용은 단순히 공민권의 자연스러운 확장이 아닙니다. 그것은 시민권이 정치적 영역으로부터 시민 영역으로 이행하는 중요한 과정을 나타냅니다. 그러나 '이행'이라는 말은 아마도 오해를 불러일으킬 소지가 있습니다. 왜냐하면 그 당시(19세기 말)에도 노동자들은 투표권이라는 정치권을 가지고 있지 못하거나 아직 사용하는 방법을 배우지도 못한 상태였기 때문입니다. 그 이후로 노동자들은 그 권리를 획득하였고, 충분히 활용하게 되었습니다. 따라서 노동조합주의는 정치적 시민권 체계의 보충과 병행하여 산업적 시민권(industrial citizenship)에 대한 두 번째 체계를 창출하였습니다.[45]

마셜은 엄밀한 정의를 내리지 않은 채 노동조합 활동을 통해 도입된 시민권의 새로운 체계를 산업적 시민권이라 칭했다. 말하자면, 웹 부부가 염두에 두었던 산업민주주의에 조응하는 시민권 개념으로서 산업 시민권을 제시한 것이다. 그런데 이런 마셜의 애초 용법에 구애받지 않고 이 말을 콜의 산업민주주의 비전과 연결시켜보면 어떨까. 가령 협업자 지위는 단순한 노동조합 활동을 넘어 기업 및 산업 운영에 대한 참여를 포괄하는 좀 더 적극적인 산

---

45 T. H. 마셜, 『시민권과 사회계급』, T. H. 마셜·T. 보토모어, 『시민권』, 조성은 옮김, 나눔의집, 2014, 76쪽.

업 시민권으로 이해될 수 있다. 실제로 콜은 '제11장 결론'에서 이런 의미로 "민주적 산업 시민권"[46]이라는 표현을 사용한다. 즉 콜이 협업자 지위의 도입으로 의도한 바는 이후 산업민주주의가 계속 발전할 기본 토대로서 노동자들에게 기존의 피고용자 지위를 넘어선 산업 시민권을 보장하자는 것이다. 복지국가(사회국가)가 마셜이 말한 사회 시민권을 도입했다면, 콜이 보기에 그 이후에 사회주의 세력이 도입해야 할 것은 산업 시민권이다. 국민건강서비스를 구축해 건강권을 보장하고 공공주택을 대량 공급해 주거권을 보장했듯이, 노동자에게 전통적인 피고용자 지위 대신 협업자 지위를 부여하는 입법을 통해 산업 시민권을 실현해야 한다.

'제3장 협업관계'에서 콜은 협업관계 혹은 협업자 자격 (partnership)[47]을 명쾌히 정리한다. 그것은 "노동자가 해고당하기에 충분한 잘못을 스스로 저지른 경우가 아니라면 해고당할 위험이 없는 기업 내 지위"다. 위에서 지적했듯이, 타인의 결정에 따라 일방적으로 현재의 작업장에서 배제될 가능성이 제도적으로 봉쇄돼야 한다. 그래야 노동자가 정치 영역뿐만 아니라 산업 영역에서도 '시민'으로서 권리의 주역이 될 수 있다. 그런데 이는 단순

---

46 이 책, 160쪽.
47 partnership은 '협업자 자격'을 뜻하지만, 협업자 지위가 기업이 노동자를 협업자로 인정하는 상호관계에 바탕을 둔다는 점에 주목해 본문에서는 주로 '협업관계'라 옮겼다.

히 협업자 지위, 즉 산업 시민권을 법으로 규정한다고 하여 온전히 보장될 수 있는 게 아니다. 한 가지 중대한 현실적 전제 조건이 있다. 그것은 바로 완전고용의 실현이다. 국민경제가 완전고용 상태를 유지해야만 법률상의 노사 협업관계 규정이 실효성을 지닐 수 있다. 완전고용 상태에서는 기업이 해고를 남발하기 힘들다. 노동자가 일자리를 둘러싸고 경쟁하는 게 아니라 기업이 노동자를 확보하기 위해 경쟁하기 때문이다. 케인스 이론을 급진적으로 해석한 경제학자 미하우 칼레츠키(Michal Kalecki)는 1940년대 초에 완전고용 경제에서는 자본이 노동을 규율하는 무기로서 해고를 활용하기 힘들어진다고 예견했다.[48] 콜은 이런 칼레츠키적 상황이 산업 시민권을 도입하기 위한, 즉 산업민주주의로 나아가기 위한 필수 전제 조건이 된다고 못 박는다. 역으로 말하면, 산업민주주의는 완전고용 경제의 생산 현장에서 필연적으로 요구되는 바이기도 하다. '제11장 결론'에서 콜은 이를 다음과 같이 정리한다.

강압적 환경은 민주주의와 조화를 이룰 수 없다. 왜냐하면 이는 공포에, 즉 상급자에게 처벌당하리라는 공포나 어느 정도 비슷

---

48 M. Kalecki, "Political Aspects of Full employment", *Political Quarterly*, 1943.

한 다른 일자리를 찾는다는 보장도 없이 일자리에서 쫓겨난다는 공포에 바탕을 둘 수밖에 없기 때문이다. 지금껏 우리나라의 산업은 신속하고 그럴싸한 작업 수행을 위해 이런 공포에 크게 의존해왔다. (…) 하지만 최근 이 공포는 완전고용 상황 탓에 칼날이 무뎌지는 바람에 위력을 잃고 말았다. 만약 이제 우리가 완전고용을 유지하기로, 완전고용 유지를 위해 정부가 할 수 있는 모든 노력을 다하기로 결의한다면, 그 필연적 결과를 받아들일 각오가 돼 있어야 하는데, 그중 하나는 실업의 기억이 사라질수록 해고의 공포가 점점 더 힘을 잃을 것이라는 사실이다.

그렇다면 우리는 노동자의 공포를 자극하지 않으면서 생산성과를 높일 방안과 수단을 찾아내야 한다. 그리고 그 유일한 길은 보통 사람들이 자발적으로 최선을 다하도록 설득하는 것이다. 그들이 민주적 산업 시민권을 실감하지 못하는 상황에서 과연 이를 기대할 수 있겠는가? 반대로 내가 이 책에서 권고한 대로 산업을 운영하고 통제하는 과정에 참여하는 협업자 지위를 인정받을 경우는 어떻겠는가? 나는 다른 길은 없다고 확신한다.[49]

그런데 협업자 지위를 노동자 본인이 과실을 저지르지 않은 한 본인 동의 없이 해고될 수 없는 상태라 규정한다면 당장 이렇게

49 이 책, 160-161쪽.

묻는 독자가 많을 것이다. 그렇다면 모든 노동자가 현 직장에서 정규직으로 평생 고용되게 하자는 것인가? 자연스러운 의문이다. 콜은 이에 대해 협업관계 제안이 의도하는 바가 '특정 일자리나 기업의 영구 고용'이 아님을 분명히 한다. 콜은 기업이 신기술을 도입하면서 고용을 조정해야 하는 상황이 생길 수 있음을 인정한다. 또한 오히려 노동자 편에서 이직의 자유를 요구할 수도 있다. 콜은 "산업에서 협업관계라는 구조를 수립하려면 이러한 이동 필요성과 조화를 이뤄야만 한다"고 밝힌다. 즉 노동자에게 협업자 지위를 부여하더라도 노동자가 한 직장에 무조건 장기 근속해야 하는 것은 아니며 동일 산업 내의 다른 기업으로 옮기는 경우가 빈번히 발생할 수 있다. 다만 본인 의사에 반하는 해고를 막기 위해 콜은 여러 가지 보완 장치를 제안한다. 가령 노동자의 과실을 이유로 해고 절차가 시작될 경우에는 동료 노동자들로 배심원단을 구성해 과연 해고가 정당한지 심의하게 하자고 한다. 또한 견습 과정을 거쳐 생산 현장에 처음 채용되는 젊은이에 대해서는 어떤 과정을 거쳐 협업자 지위를 부여할지 꼼꼼히 설명하며, 이직 과정에서 실업 급여는 어떻게 보장할지에 대해서도 구체적으로 설계한다. 이런 여러 제도들이 서로 결합돼 안전장치 역할을 하기 때문에 비록 이직이 빈번히 발생하더라도 노동자들은 소속 산업 내에서 각 생산 단위(기업)에 꼭 필요한 협업자라는 지위를 유지할 수 있게 된다.

이 대목에서 다시 이런 의문이 들 수 있다. 콜이 제시하는 그림은 결과적으로 북유럽 국가들이 실시한 노동정책과 유사하지 않은가? 가령 복지국가 전성기에 스웨덴은 자본가에게 해고의 자유를 인정하되 노동자에게 높은 수준의 실업 급여와 적극적 노동시장 정책을 제공해 실업의 고통을 최소화했다. 해고된 노동자가 안정된 삶을 유지할 수 있도록 실업 급여를 지급하면서 실직 기간 중에 직업 훈련을 실시하고 국가가 나서서 새 일자리를 알선한 것이다. 『G. D. H. 콜의 산업민주주의』에서 콜이 제시하는 노사 협업관계의 상은 이런 스웨덴 모델과 별 차이가 없어 보인다. 실제 그런 면이 있다. 콜은 스웨덴 복지제도가 완결돼 성공적으로 작동하는 것을 채 보지 못하고 세상을 떠났다. 만약 그가 북유럽 국가들의 노동정책이 거둔 성과를 목격했다면 자신의 구상에 근접한 사례라 평가했을지도 모른다.

그러나 콜의 제안을 단순히 북유럽 모델의 선취라고만 볼 수는 없다. 노사 협업관계 방안은 스웨덴 등에 실제 존재했던 노사관계를 넘어서는 이상과 지향을 담고 있다. 그것은 노동자가 보다 많은 사회권을 보장받은(예를 들어, 실업의 고통 최소화) 피고용자 지위에서 한발 더 나아가 특정 산업 내에서 자본에 대해 대등한 협업자=시민권자의 지위를 인정받아야 한다는 것이다. 콜의 경우에 스웨덴식 적극적 노동시장 정책에 상응하는 여러 제도적 제안들은 단지 자본주의에서 어쩔 수 없이 지속될 실업의 고통을 완화하기 위한 것만이 아니다. "노동자가 그간 근무해온 특정 기업만이 아니라 산업 전반의 측면에서 협업자"('제4장 노사 협업관계의 함의')가 되도록 만들려는 것이다. 즉 콜에게 노사 협업관계란 기본적으로 '산업' 협업관계이지 '기업' 협업관계가 아니며, 협업자 자격이란 '산업' 시민권이지 '기업' 시민권이 아니다. 노동자들은 특정 산업 내에서 생산자 공동체를 이루며 해당 산업의 자본 전체와 협업관계를 이룬다. 여기에서 우리는 콜이 평생 충실히 견지한 길드사회주의의 원칙을 확인할 수 있다. 길드사회주의에서 노동자의 자치는 노동 현장에서 시작되지만 자치기구인 길드는 기업이 아니라 철저히 산업에 바탕을 둔 조직이다. 이에 따라 만년의 콜 역시 미래 노동자 자치의 출발점이 될 경제적 시민권, 즉 협업자 자격을 기업을 넘어 산업 수준에서 설계한 것이다. '제9장 평등과 임금 차이'에서 콜은 이를 다음과 같이 요약 정리한다.

이 책이 제시하는 제안의 밑바탕을 이루는 일반 원칙과 사상은 다양한 산업과 서비스에 참여하는 사람들 전체가 마치 한 몸처럼 단일한 거대 공동체를 이루며 장애인과 퇴직자 또한 그 일원이고 아직 학교나 대학에 다니는 이들은 그 잠재적 성원이라는 것이다. 또한 각인은 그/그녀가 산업이나 서비스에 참여하는 한, 의무뿐만 아니라 권리 또한 인정받는 책임 있는 협업자로 대우받아야 한다는 기본 권리를 동등하게 지니며, 따라서 소속 기업이 더는 해

당인의 근무를 원치 않는다는 이유만으로 협업관계에서 쫓겨날 수 없다는 것이다.[50]

제4장에서부터 콜은 이런 협업관계 제안의 여러 구체적인 요소와 함의, 전제 조건들을 다각도로 살핀다. 여기에서 특히 우리의 이목을 끄는 것은 다른 산업민주주의론자들과 구별되는 콜의 독특한 강조점이다. 우리에게 익숙한 산업민주주의의 통상적인 결론은 노동자가 소속 기업의 경영에 참여해야 한다는 것이다. 반면 콜은 기업이 아니라 기업보다 아래라 할 수 있는 작업 현장과, 기업보다 위라 할 수 있는 산업 수준을 강조한다. 기업 수준에서 노동자 경영 참여 방안으로 흔히 권장되는 노동자이사제나 이윤공유제에 대해서는 오히려 비판적인 태도를 취한다.

우선 콜은 길드사회주의 전성기에 그랬던 것처럼 『G. D. H. 콜의 산업민주주의』에서도 노동 현장이 산업민주주의가 적용돼야 할 첫 번째 영역이라고 주장한다. 노동자가 자본의 피고용자가 아니라 협업자로 인정받게 되면 가장 먼저 실현돼야 할 것은 작업 감독의 직접 선출이다. 감독이나 관리직을 경영진이 임명하는 게 아니라 노동자가 투표로 뽑아야 한다. 즉 노동자의 작업을 감독하는 직책은 그 감독 대상인 노동자들에 의해 아래로부터 선출

50   이 책, 127쪽.

돼야 한다. 감독이 자신의 지휘 업무를 수행할 수 있게 보장하는 여러 보완 장치를 전제로 노동자들은 선출권뿐만 아니라 소환권까지 행사할 수 있어야 한다. 콜은 노동자가 기본적으로 작업집단을 이뤄 작업을 수행해야 한다고 보며, 사측의 관리직 사원일 뿐이던 반장이나 감독은 이제 작업집단 소속 노동자들의 민주적 지도자로 성격이 바뀌어야 한다고 주장한다. 심지어 그는 급여를 작업집단에 총액으로 지불해 구성원이 나눠 갖는 방식까지 제안한다. 콜은 이렇게 작업집단을 활성화하고 현장 노동자들이 직접 감독 혹은 지도자를 선출함으로써 생산 현장에서 노동자의 자율성이 극대화하길 바랐다. 콜은 길드사회주의 운동이 굳이 '길드'라는 옛 생산자 자치기구의 전통을 환기하면서까지 실현하길 바랐던 작업장의 이상을 여전히 잊지 않았던 것이다. 이런 주장은 '제4장 노사 협업관계의 함의'와 '제6장 노예 감독이냐, 민주적 지도냐'에 집중 정리돼 있다.

이에 반해 '제5장 이윤공유제는 반대한다'에서 콜은 기업 수준에서 노동자 경영 참여의 표준적 처방처럼 이야기되는 노동자이사제나 이윤공유제가 노동운동의 바람직한 대안이 아니라고 역설한다. 콜이 이런 방안에 반대하는 주된 이유는 노동자의 시야와 관심을 자본주의 기업의 이윤 추구 활동에 종속시킨다는 점이다. 『G. D. H. 콜의 산업민주주의』의 핵심 주장인 새로운 협업자 지위 도입은 자본이 노동을 고용하는 현 상태(자본주의)를 넘어 노동이 자본을 고용하는 새로운 질서(사회주의)로 나아가는 것을 지향한다. 하지만 노동자가 기업의 이윤 추구 활동에 결박되면 노동의 자율성을 상실하고 자본과 자신을 동일시하게 된다. 이러한 관점을 뒷받침하기 위해 콜은 위에 이미 언급한 대로 '협업자(partner)'와 '동업자(co-partner)'를 엄격히 구별한다. 콜이 의도하는 것은 재화와 서비스의 생산을 위해 자본과 협력하는 '협업자'이지, 이윤에 대한 이해관계를 자본과 공유하는 '동업자'가 아니다. 이런 이유에서 콜은 기업 수준에서 산업민주주의의 주된 통로는 노동조합이어야 한다고 주장한다. 노동자이사제에 과도한 의미를 부여하기보다는 노동조합이 단체교섭을 통해 다룰 수 있는 의제의 범위를 획기적으로 늘려야 하며, 이윤공유제에 기대를 걸기보다는 단체교섭을 통한 임금 결정에 집중해야 한다는 것이다. 콜에게 '공동 결정'('제4장 노사 협업관계의 함의')[51]의 주된 무대는 이사회가 아니다. 노동조합[52]이 사용자와 만나는 협상장이다.

'제7장 경영, 노사 협의 그리고 투자 계획'부터는 기업보다 상위인 산업 수준의 노동자 참여 방안을 검토한다. 7장에서 콜은 전임 노동당 정부를 통해 이미 국유화된 산업(대표적으로 광산, 철도, 가스 등)과, 여전히 사적 자본이 소유하고 있는 기업들을 구별해

---

51 이 책, 63쪽.
52 물론 콜이 염두에 두는 것은 언제나 (기업별이 아닌) 초기업 단위 노동조합이다.

다룬다. 콜이 산업민주주의의 여러 측면을 상세히 짚는 것은 전자의 경우다. 여기에서 그의 일관된 문제의식은 전국 단위의 중앙 계획을 어떻게 하면 지역 단위의 분권화된 계획들과 종합하고 조정할 것인가이다. 이를 고민하면서 그는 노동 현장이나 지역 수준의 관리자나 대표들을 보다 상급의 협의 과정에 체계적으로 참여시켜야 한다고 주장한다. 젊은 시절에 콜이 주창한 대안 사회의 얼개에 이미 익숙한 이들이라면 누구나 이 대목에서 길드사회주의의 긴 그림자를 감지할 것이다. 『길드사회주의 재론』 등에서 콜은 각 공장에서 민주적으로 선출된 대표들이 다시 지역 단위 대표들을 선출하고 이런 과정이 전국 수준으로까지 이어지는 상향식 의사결정 체계를 제시했다. 이런 식으로 아래로부터 정보와 의견을 취합·조정하고 결국에는 산업 길드 의회에서 전국적 계획으로 종합하겠다는 것이었다. 만년의 콜은 비록 제한적이나마 일단 국유화된 산업 부문을 시작으로 이를 단계적으로 실현해나가자는 입장이었다.

그러나 공공부문에 대한 이런 적극적 제안과 달리 콜은 사기업에 대해서는 조심스러운 태도를 견지한다. 물론 사기업에도 당연히 협업자 지위가 도입돼야 한다. 콜은 법률을 통해 노동자에게 산업 시민권을 인정할 경우에 1단계로 피고용자 수가 일정 규모 이상인 사기업과 모든 공기업을 대상으로 삼아야 한다고 주장한다. 중소 규모 사기업에 대해서는 과도기가 필요하겠지만, 어쨌든 단계적으로 이들 기업에도 노사 협업관계가 구축돼야 한다. 하지만 일단 협업자 지위를 보장받은 사기업 부문 노동자들이 산업 수준에서 의사결정에 참여할 방안에 대해서는 자세한 언급이 없다. 산업별 노동조합을 통해 단체협상 형태로 개입해야 한다는 원칙 외에는 별다른 제안이 없다. 다만 흥미로운 것은 콜이 주식 시장 상장 기업의 이사회 구성을 논하면서 상속세를 현금뿐만 아니라 주식으로도 납부할 수 있게 하자고 제안한다는 점이다. 이렇게 되면 국가가 다양한 대기업에서 점차 국유 지분을 늘려갈 수 있을 것이다. 콜은 이에 더해 여러 기업의 국가 소유 지분을 통합 관리하는 특별한 공적 기구를 설립하자고 제안한다. 이 방안은 주요 민간 대기업의 주식을 보유한 국가 소유 지주회사인 국민기업위원회(National Enterprise Board: NEB)를 통해 자본 권력을 통제하려 한 1970년대 영국 노동당 내 좌파의 구상('대안경제전략(Alternative Economic Strategy: AES)'[53]이라 불렸다)과 유사한 점이 있다.

이어서 '제8장 협업관계와 이주'에서는 노동자 가족의 지역 공동체 생활이 이직 때문에 손상돼서는 안 된다는 점, 그리고 이직이 불가피할 경우에는 주거 문제가 발생하지 않도록 지역 단위의

---

53 이에 대해서는 다음 문헌을 참고할 것. 장석준, 『신자유주의의 탄생: 왜 우리는 신자유주의를 막을 수 없었나』, '제4장 영국의 '불만의 겨울'', 책세상, 2011.

면밀한 계획이 필요하다는 점 등이 언급된다.

그리고 '제9장 평등과 임금 차이'에서는 지위의 평등을 위해 협업자 지위가 도입된 상황에서 소득의 평등 문제에는 어떻게 접근해야 하는지 살핀다. 이 장에서 콜은 노사 협업관계가 수립된 뒤에도 처음에는 어느 정도 임금 격차가 존재할 수 있지만, 흔히 이러한 격차를 정당화하는 근거라 여겨지는 학력 격차가 무상 공공 교육의 확대를 통해 축소되고 불로소득이라는 역사적 유산이 사멸함에 따라 소득 차이 역시 점차 해소될 것이라 전망한다.

결론을 제외하면 마지막 장인 '제10장 완전고용'은 앞에서 이미 산업민주주의의 필수 전제조건이라 밝힌 완전고용의 여러 측면에 대해 다룬다. 완전고용을 달성하려면 정부는 거시 경제를 어떻게 운영해야 하는가? 콜은 1950년대에 영국 경제가 처한 조건에 따라 완전고용을 실현하는 데 필요한 재정, 무역, 환율 정책들을 논한다. 갑자기 낯선 경제학 용어들이 튀어나와 당황스러울 수도 있겠지만, 콜의 메시지는 선명하다. "국제수지와 관련해 어려움을 겪는" 영국과 같은 나라에서는 "완전고용을 이루기 위해 계획 경제가 필요하다." "이를 통해 가장 긴급한 필요에 우선순위를 부여하고, 사치성 지출이나 (중략) 군비 생산에 자원을 낭비하는 일을 단호히 줄여야 한다." 사기업과 시장에만 맡겨서는 완전고용을 장기간 유지할 수 없다. 산업민주주의에 바탕을 둔 민주적 경제 계획이 확대돼야 한다. 그래야 다시 완전고용이 유지되면서 산업민주주의가 촉진될 수 있다. 말하자면 완전고용-민주적 계획-산업민주주의는 서로 엇물리며 동반 발전하는 관계다. 더 나아가 콜은 "완전고용은 세계 시장에서 일부 주요 국가가 완전고용을 이루지 못하는 상황보다는 모든 혹은 대다수 국가가 이를 유지하는 데 성공하는 상황에서 훨씬 더 쉽게 유지된다"고 지적한다. 일국적 완전고용 경제를 안정적으로 유지하려면 초국적 공조가 필요하다는 것이다. 국제 경제 체제의 뒷받침이 있어야 각 국민국가 안에서 완전고용-민주적 계획-산업민주주의의 삼각형이 보다 수월하게 발전할 수 있다.

이러한 콜의 지적은 마치 20년 뒤 상황을 내다본 예언처럼 들린다. 전후 30여 년간 지속된 장기 호황이 끝나고 1970년대에 스태그플레이션 형태의 경제 위기가 전 세계를 덮쳤다. 영국을 비롯한 선진 자본주의 국가들은 케인스주의적 경기 조절 정책을 펼쳤지만, 물가만 오를 뿐 불황은 진정되지 않았다. 그러자 케인스주의의 무능을 비판하며 시장 기능 강화를 외치는 공격적 우파가 등장했다. 신자유주의의 시작이었다. 반면 좌파에서는 이제 완전고용을 실현하려면 통상적인 케인스주의 정책을 넘어 민주적 경제 계획과 산업민주주의를 강화해야만 한다는 목소리가 대두했다. 특히 위에 소개한 영국 노동당 내 좌파의 '대안경제전략'은 경제 위기를 극복하려면 무역과 외환을 통제해야 한다는 처방을 담고 있었다.[54] 이는 콜이 1950년대 말에 『G. D. H. 콜의 산업민주주의』에서 제시한 기본 방향과 일치하는 대안이었다.

이렇게 방대하고 다양한 주제들을 다룬 뒤에 콜은 '제11장 결론'에서 책 전체의 핵심 메시지를 다시 요약 정리한다. 전후 노동당 정부의 개혁 덕분에 전쟁 전에는 꿈만 같았던 완전고용이 실현됐다. 하지만 이는 자본의 최대 무기인 해고가 노동자들에게 더는 심각한 위협이 되지 못하는 칼레츠키적 상황이 도래했음을 뜻하기도 했다. 이 상황에서 자본은 완전고용을 유지하는 정책을 폐기하길 바라며, 실제로 20세기 말에 '신자유주의'라는 이름 아래 이런 선택을 단행하게 된다. 그러나 콜은 정반대 방향의 출구도 있다고 말한다. 그것은 협업자 지위, 즉 민주적 산업 시민권을 인정함으로써 공포가 아닌 협동을 통해 생산성과를 높이는 길이다. 즉 산업민주주의가 완전고용, 민주적 계획과 서로 맞물리며 발전하는 민주적 사회주의의 길이다. 『G. D. H. 콜의 산업민주주의』는 웹 부부의 『산업민주주의』를 통해 우리에게 이미 익숙해진 다음과 같은 물음으로 이 비전을 요약하며 끝맺는다.

오늘날 정치 영역에서 우리 모두는 투표할 권리를 지닌 시민이다. 그렇다면 우리의 동료 인간에 대해 서비스를 제공하고 생산을

---

54 장석준, 『신자유주의의 탄생』, '제4장 영국의 '불만의 겨울'' 참고.

담당하는 영역에서는 왜 우리 모두가 정치 영역과 마찬가지로 시민이어서는 안 되는가?[55]

4. 콜의 산업민주주의론에 대한 평가와 재음미

산업민주주의의 진정한 르네상스는 콜이 세상을 떠난 뒤에 찾아왔다. 제2차 세계대전이 끝난 뒤에 자본주의 중심부에서 수십 년째 완전고용 상태가 지속되자 노동조합 조직률이 상승하고 조합원들의 전투성도 높아졌다. 1960년대 말이 되자 서유럽 곳곳에서 마침내 거대한 투쟁이 폭발했다. 투쟁 요구는 단순히 임금 인상이나 고용, 복지 문제만이 아니었다. 생산과정에 대한 현장 노동자의 통제 권한을 요구하기도 하고 작업장 민주화를 외치기도 했다. 가장 극적인 사례는 우리에게 '5월 혁명'으로 많이 알려진 1968년 5월 프랑스 천만 노동자들의 총파업이었다. 당시 파업 노동자들 사이에서 유행한 말은 '자주관리(autogestion)', 즉 노동자의 자주적 기업 경영이었다.[56] 이탈리아에서도 1969년 한 해 내

---

55 이 책, 163-164쪽.
56 5월 투쟁의 여파 속에서 노동자 자주관리 실험이 펼쳐진 립Lip 시계공장 사례에 대해서는 다음 책을 참고할 수 있다. Donald Reid, *Opening the Gates: The Lip Affair, 1968-1981*, Verso. 2018. 당시 노동 현장 분위기를 생생히 전하는 다음 소설도 참고할 만하다. 실뱅 로시뇰, 『우리 공장은 소설이다』, 이재형 옮김, 잠, 2011.

내 한국의 1987년 노동자 대투쟁과 비슷한 대중파업이 벌어졌다('뜨거운 가을'). 이탈리아에서는 특히 이탈리아노동총연맹(CGIL) 산하 금속노동조합(FIOM)의 대다수 사업장에 공장평의회가 결성돼 산업별 단체교섭이 포괄하지 못한 현장 노동자들의 열망을 대변했다.[57] 프랑스와 이탈리아만큼은 아니지만, 영국에서도 켄 코티스(Ken Coates) 등이 1968년에 설립한 노동자통제연구원(Institute for Workers' Control: IWC)의 노력을 통해 산업별 노동조합의 직장위원들을 중심으로 노동자의 생산 통제에 대한 관심이 되살아났다.[58] 완전고용을 달성하고 복지국가의 기틀을 놓고 나면 사회변혁의 다음 과제는 반드시 산업민주주의일 수밖에 없다는 콜의 전망이 들어맞은 셈이었다.

　1970년대에도 이런 분위기는 계속 이어졌다. 격렬한 혁명적 순간에도, 사회민주주의 개혁 전략의 다음 단계 과제를 토론하는 와중에도 산업민주주의가 뜨거운 현안으로 부상했다. 1972년 가을에 칠레에서는 선거로 집권해 천연자원과 일부 기업 국유화를

---

57 1960~70년대 이탈리아 노동운동에 대해서는 다음 책을 참고할 것. Joanne Barkan, *Visions of Emancipation: The Italian Workers' Movement since 1945*, Praeger, 1894. 우리말 문헌으로는 다음 책을 권한다. 정병기 편, 『이탈리아 노동운동사』, 현장에서미래를, 2000.
58 노동자통제연구원의 관점은 영국 노동운동에 면면히 이어온 산업민주주의 전통을 정리한 다음 책에 잘 나타나 있다. Ken Coates & Tony Topham(eds.), *Readings and Witness for Workers' Control*, Spokesman, 1968.

추진하던 살바도르 아옌데(Salvador Allende) 대통령의 인민연합 정부에 맞서 미국과 국내 우파가 사주한 자본가 파업이 벌어졌다. 10월 초에 경영진의 무단결근으로 대다수 공장이 가동을 중단했고, 대형 상점이나 병원 등도 문을 닫았다. 경제활동이 거의 모두 중지돼 정부조차 손을 쓸 수 없는 상황이 됐다. 그러자 좌파 정부를 지지하는 노동자들이 직접 나섰다. 노동자들은 노동조합과 별개로 생산관리 기구인 산업별 조정위원회('산업 코르돈'이라 불렸다)를 결성해 경영진 없이 공장을 재가동했다. 자본가 파업이 시작된 지 10여 일이 지나자 거의 100%의 작업장이 평소대로 조업하게 됐다. 노동자들이 스스로 통제하는 작업장에서는 생산성도 전보다 높아졌다. 결국 자본가 파업은 실패로 돌아갔다. 비록 인민연합 정부는 1년 뒤에 군부 쿠데타로 무너졌지만, 1972년 가을 혁명적 위기 와중에 칠레 노동자들이 보여준 생산관리 능력은 지금까지도 인상 깊은 사례로 기억된다.[59]

한편 사회민주주의 정당이 안정적으로 장기 집권하고 있던 스웨덴에서는 노동조합이 복지국가의 성공(실패가 아닌)에 따른 새로운 모순에 주목하기 시작했다. 가령 고수익 기업, 저수익 기업 가릴 것 없이 모든 노동자의 임금인상률을 (산업별 협상보다 상급 수준

---

59 다음 문헌들을 참고할 것. 장석준, 『신자유주의의 탄생』, '제3장 칠레의 전투'; 박우득, 「칠레 인민연합시기 산업 코르돈의 조직과 활동」, 동아대학교 대학원 사학과 석사학위 논문, 1994.

인) 경총-노총 협상에서 일률적으로 결정하는 연대임금제가 그러한 모순의 대표적인 사례였다. 연대임금제 덕분에 스웨덴 제조업 노동자들은 노동자 간 임금 격차를 크게 줄일 수 있었지만, 또한 바로 이 제도 때문에 고수익 기업에서 자본 권력이 급속히 강화되는 현실을 목격하기도 했다. 고수익 기업 노동자들이 연대임금제에 따라 임금 인상을 억제하는 만큼 해당 기업 주주들이 '초과'이윤을 챙겨간 것이다. 그 결과 스웨덴은 노동운동의 힘도 강력하지만 거대 자본가 가문의 권력 역시 막강한 나라가 됐다.

금속노동조합은 이런 상황에 위기의식을 느끼고 비그포르스의 이론적 후계자인 루돌프 마이드너에게 해결 방안을 의뢰했다. 이 때 마이드너가 대안으로 제시한 것이 다름 아닌 임노동자기금 구상이다. 발상은 간단했다. 주주들이 연대임금제에 따른 초과이윤을 계속 현금으로 갖고 가되 이에 상당하는 신규 주식을 발행하게 해 노총 소유의 임노동자기금에 적립한다는 것이었다. 그렇게 되면 20~30년 뒤에는 임노동자기금이 주요 기업의 지배주주가 되고, 이에 따라 노총 조합원인 각 기업의 노동자들이 소유권과 경영권을 행사할 수 있게 된다. 이는 길드사회주의의 영향을 받은 비그포르스의 '소유주 없는 사회적 기업' 구상을 실현하는 전략일 뿐만 아니라 콜이 전혀 예상하지 못한 방식으로 그의 협업자 지위 구상과 유사한 결과를 달성하는 전략이기도 했다. 콜은 노동자들이 소속 기업 주식을 소유하거나 이사회에 참여하는 방안에 비판적이었는데, 임노동자기금 구상은 이런 방안들과는 다른 접근법을 취했다. 기업 단위를 넘어서는 노동자 자치기구인 임노동자기금이 각 기업 주식을 소유하는 방식이었다. 이렇게 되면 콜이 우려한바 노동자들이 자신의 이익을 개별 자본의 운명과 일치시키는 상황은 최대한 피할 수 있을 것이다. 그러면서도 임노동자기금의 뒷받침을 받는 노총 소속 조합원들은 각 기업 경영진에게 사실상 '협업자'로 대우받게 될 것이다. 콜은 입법을 통해 산업 시민권을 도입하려 했지만, 마이드너 구상은 임노동자기금을 통해 비슷한 효과를 내려 한 것이다. 또한 임노동자기금이 각 산업과 기업의 운영에 개입하게 되면 이는 길드사회주의가 꿈꾼 산업별 길드의 출발점이 될 수도 있었다. 안타깝게도 임노동자기금 구상은 사회민주당 내 우파의 반발과 기피로 1980년대에 제한적으로만 실시되다 흐지부지돼버렸다. 하지만 지금도 많은 영감과 교훈을 끌어낼 수 있는 흥미로운 발상인 것만은 분명하다. 콜의 『G. D. H. 콜의 산업민주주의』와 함께 개혁적 사회주의 노선이 복지국가 수립 이후에 혹은 그에 더해 반드시 추진해야 할 과제를 진지하게 고민한 흔치 않은 사례라 하겠다.[60]

60 임노동자기금 안에 대해서는 다음 문헌들을 더 참고할 수 있다. 신정완, 『복지자본주의냐 민주적 사회주의냐』; Rudolf Meidner et al., *Employee Investment Funds: An Approach To Collective Capital Formation*, George Allen & Unwin, 1978.

세계사적으로 1960년대 말부터 1980년대 초까지는 케인스주의적 자본주의(혹은 수정자유주의) 이후의 대안을 놓고 우와 좌, 자본과 노동, 북반구 중심 지구 지배 질서와 남반구 민중이 격돌한 시기였다. 슬프게도 이 격돌에서 승리한 것은 자본의 대안, 즉 시장자유주의였다. 하지만 첫 번째 전투에서 패배한 것일 뿐이며, 이 시기에 제출된 노동의 대안 역시 결코 만만한 내용이 아니었다. 우리 시대에 반드시 되살아나야 할 이상과 지향이 풍부히 담겨 있었다. 그 가운데 하나가 바로 '자주관리'나 '노동자 통제'로 표현된 산업민주주의의 열망과 시도였다. 이 점에서 이 시기는 마치 생디칼리슴, 길드사회주의, 평의회 마르크스주의가 노동운동에 새로운 활력을 불어넣던 20세기 초의 재래와도 같았다.[61]

이런 한때의 분위기와 대비해보면, 콜이 만년에 제시한 산업민주주의 구상은 지나치게 조심스럽고 소극적인 것처럼 보일 것이다. 위에 소개한 1972년 칠레 사례도 그렇지만, 콜의 모국 영국에서도 그가 살아 목격했더라면 틀림없이 깜짝 놀랐을 일들이 벌어졌다. 1974년에 영국 굴지의 정밀기계 제조업체 루카스 에어로스

---

61 다음 문헌들은 이 시기의 이런 분위기를 세계 노동운동의 긴 역사 속에서 조망하고 평가한다. Assef Bayat, *Work Politics and Power: An International Perspective on Workers' Control and Self-Management*, Monthly Review Press, 1991; Immanuel Ness & Dario Azzellini(eds.), *Ours to Master and to Own: Workers' Control from the Commune to the Present*, Haymarket Books, 2011.

페이스(Lucas Aerospace) 노동자들은 경영 악화로 대규모 정리해고를 단행한다는 사측의 통보를 받았다. 이 회사의 각 공장에 지부를 둔 산업별 노동조합들의 직장위원들은 공동 대응기구를 만들어 대규모 감원 계획에 맞섰다. 이들은 자동차 엔진처럼 영국 내 수요가 줄거나 전투기 부품처럼 사회적 필요와 동떨어진 루카스 사의 기존 제품 대신에 현장 노동자들의 지혜를 모아 새로운 품목을 개발해 생산하자고 제안하기로 했다. 루카스 사의 기술력을 바탕으로 대량 해고 없이도 사회에 더 유용한 생산품을 내놓을 수 있음을 보여주려 한 것이다. 1976년에 루카스 노동자들은 실제로 아주 구체적인 대안 생산품 목록을 발표했다. '루카스 계획'이라 불린 이 대안 생산 계획에는 이후 실제 유용성이 입증된 첨단 의료장비나 태양광 발전설비 등이 포함돼 있었다. 물론 루카스 계획 역시 대처(Margaret Thatcher) 보수당 정부의 지원을 받은 사측의 반대로 결국 실현되지는 못했다. 그러나 이 사례는 현장 노동자들이 생산방식뿐만 아니라 생산 품목의 구상과 설계에까지 충분히 개입할 수 있으며, 오히려 노동자들이 이 정도로까지 생산을 통제할 경우에 훨씬 더 사회에 바람직한 재화와 서비스를 생산할 수 있음을 증명했다. 한창 길드사회주의 운동을 벌이던 무렵의 젊은 콜은 노동자에게 이런 잠재력이 있다고 적극 설파했지만, 노년의 콜이 남긴 『G. D. H. 콜의 산업민주주의』는 노동조합이 당장 이런 수준까지 개입할 수는 없다고 전제한다. 그러나

1970년대에 루카스 에어로스페이스 노동자들은 이런 신중한 예상을 훌쩍 뛰어넘는 성취를 남겼다.[62]

그럼 『G. D. H. 콜의 산업민주주의』에 전개된 콜의 논의는 이제 의미가 없는 것인가? 산업민주주의 이념-운동의 두 번째 전성기를 목격하지 못한 채 세상을 떠난 콜의 고루한 훈수에 불과한가? 그렇지는 않다. 그 이유를 확인하기 위해 우선 가장 최근에 제출된 산업민주주의 구상인 영국 노동당의 포용소유기금(Inclusive Ownership Fund: IOF)[63] 안을 살펴보자. 1980년대에 시장자유주의가 완전히 승리를 굳힌 뒤에 거의 한 세대 동안 각국의 이념 지형은 오른쪽으로 한참 이동했다. 전 세계적으로 좌파는 자본 권력을 해체하거나 아래로부터의 민주주의를 확대하기는커녕 가장 기초적인 복지 제도를 방어하는 데 급급해야 했다. 노동조합 역시 기존 조합원의 일자리를 지키고 임금 수준을 유지하는 일조차 힘겨워 하며 끊임없이 위축됐다. 이런 상황에서 산업민주주의는 노동운동의 주된 관심사에서 밀려나야 했다. 2008년 세계 금융 위기로 신자유주의 헤게모니가 흔들린 뒤에야 시대의 풍향이

62　루카스 계획에 대해서는 다음 문헌들을 참고할 수 있다. Hilary Wainwright & Dave Elliott, *The Lucas Plan: A Trade Unionism in the Making?*, Allison & Busby, 1982; 장석준·우석영, 『21세기를 살았던 20세기 사상가들』, '제7장 다른 물건, 다른 세상을 만드는 노동자: 루카스 에어로스페이스 노동자들의 '민중에 의한 혁신''.

63　의역하면 '참여소유기금' 혹은 '소유참여기금'이라 할 수도 있다.

다시 바뀌기 시작했다. 신자유주의의 본산인 미국, 영국에서 급진좌파가 대중정치의 중심에 (재)진입하는 이변이 일어났고, 특히 젊은 세대 사이에서 '민주적 사회주의'가 대안으로 급부상했다.

그중에서도 영국 노동당은 가장 극적인 변신을 보여주었다. 신자유주의 전성기에 노동당은 '제3의 길'을 주창하며 사실상 대처주의의 온건한 계승자 노릇을 했다. 그러나 2008년 금융 위기 이후 잇달아 총선에서 패배하자 당 내 혁명이 일어났다. '대안경제 전략'을 앞세우며 대처주의의 등장과 집권에 맞섰던 노동당 내 좌파의 맥을 잇는 제러미 코빈(Jeremy Corbyn) 하원의원이 2015년 대표 경선에서 노동조합과 사회주의 세력, 청년층의 열렬한 지지를 받아 당선됐다. 코빈 대표 아래에서 존 맥도넬(John McDonnell) 예비재무장관이 주도한 노동당 정책팀은 1970~80년대 노동당 좌파의 이상과 지향을 21세기의 새로운 조건에 맞게 발전시킨 정책들을 제출했다. 이 작업에는 당연히 산업민주주의도 포함됐고, 그 결실이 바로 포용소유기금이다. 대강의 내용은 노동당 집권 후 10년에 걸쳐 각 기업의 신규 발행 주식을 소속 노동자가 공동 소유한 기금에 적립해 10년 뒤에는 이들 기금이 10%의 지분을 갖게 하자는 것이다. 그렇게 되면 포용소유기금이 소유한 지분을 바탕으로 각 기업에서 노동자들이 경영에 참여할 수 있게 된다.[64] 이는 1970년대에 스웨덴 노동운동이 제안한 임노동자기금을 기업별 노동자기금으로 변형시킨 구상이라 할 수 있다. 또한 콜의 노사 협업관계 구상과 비교해본다면, 산업 시민권의 입법이 아니라 포용소유기금 조성을 통해 노동자들이 피고용자 지위를 넘어 협업자의 위상을 갖게 하려는 시도라고도 할 수 있다.

한 세대 만에 다시 자본주의 중심부의 좌파정당과 노동운동에서 적극적인 산업민주주의 구상이 등장한 것은 분명 환영할 만한 일이다. 하지만 포용소유기금이 과연 최선의 대안인지는 더 따져봐야 한다. 기업별로 조성되는 노동자기금은 해당 기업의 이윤 추구 동기에 소속 노동자들을 종속시키고 결박시키는 덫이 될 수 있다. 노동자들이 포용소유기금 덕분에 이사회에 참여하고 주주 총회에서 목소리를 낼 수 있겠지만, 다른 이사나 주주와 마찬가지로 노동자들 역시 회사의 단기 이익 추구를 우선시하는 입장을 취할 수 있다. 특히 대기업과 중소기업 노동자의 격차가 너무나 큰 한국 상황에 포용소유기금식 대안을 그대로 적용한다면, 부작용만 심각하게 나타날지 모른다. 기업별 노동조합에 더해 기업별 노동자기금이 노동계급 내부의 격차를 심화시킬 수 있다. 콜은 『G. D. H. 콜의 산업민주주의』에서 이미 이런 위험을 충분히 경고했다. 그래서 기업 단위의 노동자이사제나 이윤공유제보다

---

64 Matt Bruenig, "Labour's Inclusive Ownership Funds Will Be Fine", 2019. 9. 8. (https://www.jacobinmag.com/2019/09/labour-party-inclusive-ownership-funds-shares)

는 작업 현장 수준의 민주적 팀 운영이나 산업 단위의 단체협상을 통한 공동 결정을 더 강조했다. 이는 비록 70여 년 전에 제출된 의견이지만, 21세기의 최신 산업민주주의 구상인 포용소유기금과 비교해도 결코 낡거나 고루하지 않다. 아니, 오히려 우리 시대의 제안들에 빠진 중요한 문제들을 밝게 비춰준다. 비록 콜 사후에 분출한 노동자 자주관리나 생산 통제 사례들이 그의 소심한 예측을 추월하며 전진한 바 있지만, 그래도 콜의 협업자/산업 시민권 제안의 많은 부분은 아직 미래 산업민주주의 이념-운동이 반드시 참고해야 할 조언으로 남아 있는 것이다.

특히 21세기의 최대 과제인 녹색 전환은 콜의 문제의식에 따라 산업민주주의를 발전시킬 다시없는 기회일 수 있다. 지구 자본주의와 지구 생태계의 모순과 충돌로 기후 위기가 폭발하자 온실가스 배출을 줄이기 위해 에너지 체제, 산업구조, 생활양식 전반을 빠르게 바꿔야 한다는 목소리가 점점 더 커지고 있다. 각국의 급진좌파는 이런 녹색 전환이 신자유주의적 자본주의에서 벗어나는 계기가 될 수 있으며, 반드시 그래야 한다고 주장한다. 화석 에너지에서 재생 가능 에너지로 전환하면서 일자리를 대거 창출할 수 있고, 공공 투자 중심의 새 금융 체계를 구축할 수도 있으며, 노동조합과 지역 시민사회가 참여하는 생태적 전환 계획의 수립과 집행을 민주적 경제 계획의 출발점으로 삼을 수도 있다는 것이다. 요즘 버니 샌더스(Bernie Sanders) 상원의원의 대통령선거

도전을 지지하는 미국 좌파는 '녹색 뉴딜(Green New Deal)'이라
는 이름으로, 영국 노동당 좌파는 '녹색 산업혁명(Green Industrial
Revolution)'이라는 구호 아래 이런 구상을 내놓는다. 이런 구상에
서 노동운동이 맡아야 할 중요한 역할은 개별 기업이 아니라 산
업과 지역 수준에서 녹색 전환 계획의 수립과 집행에 참여하는
것이다. 이를 통해 노동자들의 고통을 최소화하고 오히려 소득과
고용, 노동 조건을 개선하는 '정의로운 전환(just transition)'을 실현
해야 한다. 그러자면 노동조합이 산업과 지역 수준에서 고용 총
량을 관리하고 생산 및 투자 계획을 수립할 능력을 갖춰야 한다.
이는 콜이 강조한 산업 수준의 노사 공동 결정과 같은 내용이다.
녹색 전환의 시대에는 과거 어느 때보다 더 산업 전체 수준에서
노동자가 생산관리의 주역이 돼야 할 절실한 이유가 있다.

5. 21세기 한국에서 민주적 사회주의와 산업민주주의

위에서 이야기했듯이, 신자유주의 헤게모니가 위기에 빠진 뒤
에 여러 나라에서 급진좌파가 대중정치 무대에서 부활하고 있고
이들은 대개 '민주적 사회주의' 세력이라 자칭한다. 이제는 한국
사회도 여기에서 예외가 아니다. 물론 한국은 2008년 금융 위기
를 직접 겪지 않아 사회 상황이 대서양 양안 국가들과는 사뭇 다
르다. 촛불 항쟁의 여파로 극우 세력이 평소보다 약간 위축됐을

뿐, 시장자유주의 정책을 공동 집행해온 기성 양대 정당의 지배력이 크게 흔들리지 않은 상태다. 하지만 이 차이는 어쩌면 시간 격차일 뿐이다. 한국 사회에서도 촛불 이후 기대됐던 사회개혁의 지체와 불발에 실망하고 분노한 민심이 끓어오르고 있으며, 이는 기성 양대 정당을 넘어 이들을 심판할 새로운 정치적 흐름으로 폭발할 수 있다.[65] 이미 기존 진보정당운동 안팎에서 전 세계적인 민주적 사회주의 조류에 관심을 보이며 좌파 대중정치를 새로 일으키려는 움직임이 일고 있다. 가령 2019년 정의당 대표 경선에 도전했던 노동운동가 출신 양경규 후보는 '민주적 사회주의'를 진보정당운동의 새 이념으로 제시한 바 있다.

21세기에 탈신자유주의, 더 나아가 탈자본주의 대안으로 이야기되는 민주적 사회주의의 내용은 도대체 무엇인가? 미국의 버니 샌더스 지지자들이든, 영국 노동당 좌파든, 혹은 프랑스나 스페인 같은 유럽 국가의 신진 좌파든, 민주적 사회주의자라 자처하는 이들은 어쨌든 기성 대의민주주의의 틀 안에서 출발한다. 선거를 통해 집권하려 하고, 기존 국가기구 안에 진지를 구축하려 한다. 이 점에서 이들은 20세기 사회민주주의 노선과 별 차이가 없어 보인다. 보통선거제도 도입 이후 진화해온 대의민주주

---

65 반대로 극우 포퓰리즘이 이런 불만을 활용하며 성장할 가능성도 있다. 이 점에서 한국 사회는 아직 미결정의 국면에 있다.

의를 존중하고 이를 집권의 유일한 경로로 삼는다는 점에서 민주적 사회주의는 분명히 사회민주주의의 핵심 특징을 계승한다. 또한 현실사회주의 국가들에 대해서는 민주주의 측면에서 오히려 자본주의 국가들보다 퇴보했다고 평가한다. 바람직한 사회주의 사회라면 반드시 민주주의와 다원주의, 개인의 자유에 바탕을 두어야 하며, 그러자면 다당제와 언론 출판 집회 결사의 자유, 선거를 통한 정권 교체 가능성, 인권 보장 등은 필수라고 본다. 이는 20세기에 빅토르 세르주(Victor Serge)[66]나 조지 오웰(George Orwell)처럼 급진좌파 입장에서 소련 체제를 비판한 인사들이 강조한 바이기도 하지만, 사회민주주의의 오래된 핵심 교의이기도 하다. 그러고 보면 왜 '사회민주주의'라 하지 않고 굳이 '민주적 사회주의'라 하느냐는 일각의 불평도 이해가 간다.

그러나 오늘날의 민주적 사회주의가 20세기 사회민주주의로 환원되지 않는 뚜렷한 이유가 있다. 그것은 민주적 사회주의자들이 사회주의의 출발점으로 여기는 민주주의가 결코 기성 대의민주주의만을 뜻하지 않는다는 점이다. 과거 사회민주주의자들은 민주주의를 의회제와 동일시하곤 했다. 하지만 의회민주주

---

66 공산당 내 좌익반대파에 참여했으나 트로츠키(Leon Trotsky)에 대해서는 비판적이었던 세르주의 소련 체제 비판에 대해서는 그의 회고록을 참고할 것. 빅토르 세르주, 『한 혁명가의 회고록』, 정병선 옮김, 오월의봄, 2014. 이 책에서 세르주는 국가공산주의의 대안으로 '단체와 결사들의 공산주의'를 제시하는데, 이는 콜론타이, 실리아프니코프 등 노동자 반대파가 제창한 대안과 거의 일치한다.

는 민주주의의 최소 형태일 뿐이다. 그 정도 민주주의조차 보장하지 못한다면 분명히 문제이겠지만, 민주주의가 그 수준에 머무는 것 역시 문제다. 우선 대의민주주의는 끊임없이 더욱 민주화돼야 한다. 유권자에게 선출권과 소환권을 보장해야 할 뿐만 아니라 정보사회에 맞게 선출권자들이 선출직 대표자들을 일상적으로 통제할(달리 말하면, 구속적 혹은 명령적 위임을 실현할) 통로들을 발전시켜야 한다. 또한 자본주의 체제에서 민주주의가 정치 영역에 제한되는 데 반해 민주적 사회주의는 민중 생활의 모든 영역으로 민주주의를 확장해야 한다. 그 가운데에서도 핵심적인 영역이 바로 재화와 서비스를 생산하는 곳, 즉 노동 현장이다. 민주적 사회주의는 기존의 정치적 시민권을 지키고 발전시키는 만큼이나 노동 현장에서도 모든 생산자들이 시민권자로서 인정받고 결정권을 행사하게 만들려고 노력한다. 즉 민주적 사회주의는 가장 적극적인 형태의 산업민주주의의 구상과 실천을 반드시 포함해야 한다. 이 점에서 민주적 사회주의는 옛 사회민주주의를 넘어서며,[67] 다른 한 쪽 뿌리를 혁명적 사회주의의 여러 흐름에 둔다고 할 수 있다. 반세기 전에 프롬이 『건전한 사회』에서 밝힌 대로 민

---

[67] 물론 사회민주당 내 좌파는 복지국가 수립에 머물지 않고 산업민주주의를 향해 나아가려 했다. 콜을 포함한 영국 노동당 좌파, 비그포르스에서 마이드너로 이어지는 스웨덴 사회민주당 좌파가 그 대표적인 사례들이다. 이렇게 보면, 민주적 사회주의의 직접적 뿌리는 좌파 사회민주주의에 있다고도 할 수 있다.

주적 사회주의는 생디칼리슴, 길드사회주의, 평의회 마르크스주의의 못다 이룬 꿈을 계승해야 한다.

이런 21세기 탈자본주의의 이상과 원칙을 한국 상황에 맞게 전개하는 과정에서 콜은 소중한 대화 상대가 될 수 있다. 길드사회주의자로 왕성히 활동하던 젊은 시절의 콜뿐만 아니라 『G. D. H. 콜의 산업민주주의』를 유언처럼 우리에게 남긴 노년의 콜 또한 그러하다. 노동운동에 관심이 있는 한국 독자가 콜의 이 책을 손에 든다면, 곧바로 우리의 역사적 경험과 현재 상황을 성찰하는 데 도움이 될 만한 내용을 적지 않게 발견하게 될 것이다.

예를 들어 협업자 지위와 이직 혹은 해고의 관계를 논하는 대목에서 많은 이들이 1997년 외환위기 이후 한국 노동운동이 경험한 치열한 정리해고 반대 투쟁들을 떠올리지 않을 수 없을 것이다. 그러면서 우선은 정리해고에 반대하며 싸운 노동자들의 정당성을 다시 한 번 확인하게 될 것이다. 근본 문제는 기업의 생산활동을 책임지는 노동자가 기업 안에서 전혀 시민권자로 인정받지 못한다는 사실이다. 이것이 자본주의 질서에서 피고용자라는 지위의 의미다. '시민'이 아니기에 '인간'에도 미달할 수밖에 없으며, 따라서 기업 실적에 문제가 생기면 가장 먼저 비용 삭감을 위해 처분되는 존재(설비나 자재보다 못한 존재)가 되고 만다. 이런 정리해고 공세에 맞섰던 한국 노동운동의 여러 경험은 결국 노동자들이 기업 내 시민권을 인정받으려 한 투쟁이었다 할 수 있다.

그러나 『G. D. H. 콜의 산업민주주의』를 읽으면서 우리는 지난 투쟁들의 한계 또한 확인하게 된다. 콜은 협업자 지위가 도입되면 각 기업의 해고 결정이 지금보다 훨씬 더 까다로워져야 한다는 점을 분명히 한다. 자본에 고용된 자가 아니라 자본과 협동해 생산하는 자이니 이는 당연한 변화다. 그러나 콜은 이것이 평생 한 직장에서 계속 근무할 권리를 보장한다는 뜻은 아니라고 단서를 단다. 불가피한 경우에 협업자 지위는 개별 기업이 아니라 동종 산업 전체의 차원에서 보장돼야 한다. 즉 이직에 따른 모든 불이익과 불편을 여러 보완책을 통해 최소화함을 전제로 동종 산업 내의 다른 협업관계로 이전할 가능성을 열어놓아야 한다. 더나아가 콜은 옛 직장의 급여가 새 직장보다 더 많을 경우에 노동자가 과거 급여 수준을 계속 고집한다면 이는 잘못된 특권의 요구라고 못 박는다. 이런 원칙을 한국 상황에 적용해본다면 이제까지 정리해고 반대 투쟁이 기존 기업 내 일자리 사수 외에 다른 대안을 제시하지 못한 점을 재검토해야 한다. 해고를 최소화하려는 노력은 계속하되 이제는 산업 전체 차원에서 일자리를 보장하는 방안도 함께 모색해야 하지 않을까. 특히 한국처럼 대기업과 중소기업, 정규직과 비정규직의 임금 및 노동 조건 격차가 큰 경우에는 이런 고민이 더욱 절실히 필요하다. 이런 상황에서는 대기업 정규직 노동자들의 정리해고 반대 투쟁을 일부 노동자가 특권을 고집하는 행위인 양 몰아가는 자본 진영의 선전 공세에 맞서기 쉽지 않기 때문이다. 정보화 혁명의 진전을 빌미로 '플랫폼 경제' 등의 이름 아래 비정규직을 더욱 늘릴수록 이런 곤란 역시 증대할 것이다.

정리해고 반대 투쟁이 봉착한 이러한 궁지는 산업민주주의를 구상하거나 토론할 때에도 고스란히 나타난다. 한국 노동운동은 1987년 노동자 대투쟁 직후에는 임금 인상과 집단적 노동권 보장에, 1997년 외환위기 이후부터는 고용 안정에 주력했지만, 산업민주주의와 관련된 논의나 시도가 전혀 없지는 않았다. 추상적인 수준에서나마 노동자 경영 참가가 노동운동의 주요 요구 가운데 하나로 여겨져 왔고, 간혹 구조조정 대상 기업을 노동자가 인수해 직접 경영한 사례도 있다. 그런데 이런 논의에서 산업민주주의를 실현할 주된 단위는 대개 기업이었다. 진보정당들은 독일식 노사 공동결정제도를 모델로 삼아 노동자이사제 도입을 공약하곤 했다. 2010년대 초에 정치권에서 유행하던 '경제 민주화' 논의를 노동자 자주관리론 입장에서 가장 급진적으로 발전시킨 김상봉의 대안 역시 개별 주식회사를 경제민주주의의 핵심 단위로 설정했다.[68] 그러나 콜이 지적한 대로 기업 단위의 노동자 경영 참

[68] 김상봉, 『기업은 누구의 것인가』, 꾸리에, 2012. 이 책에서 김상봉은 주주에게는 금융 투자자로서 배당권만 인정하고 노동자가 경영권을 행사하도록 현행 주식회사 구조를 바꾸자고 제안한다. 이는 노동이 자본을 고용하는 체제로 나아가는 한 경로를 제시한 것이라 해석될 수 있다. 다음은 이 책에 대한 필자의 논평이다. 「'1주 1표'라는 혹세무민을 넘어 기업에서도 '1인 1표'를!」, 『장석준의 적록서재』, 뿌리와이파리,

가 혹은 자주 경영 구상은 노동자를 산업 전체의 시민이나 노동계급의 일원이 아니라 특정 기업의 사원/종업원에 머물게 만들 위험이 있다. 만약 기업 간 이윤 추구 경쟁을 사회적으로 교정하거나 극복하는 방안, 즉 모종의 경제 계획화 구상과 함께 추진되지 않는다면 이런 위험이 전면화할 것이다. 더구나 한국 자본주의에서는 이 문제가 대기업-중소기업의 심각한 격차 및 지배-종속 관계와 얽혀 더욱 복잡해질 수밖에 없다. 대기업에서 노동자가 경영에 개입하더라도 이러한 기존의 불평등 구조를 혁파하겠다는 집단적 의식이 없다면 새 체제 아래서도 낡은 구조가 그대로 이어질 수 있다.

이런 점에서 앞으로 한국의 산업민주주의 논의에서 심도 깊게 보완돼야 할 것은 산업 전체 수준에서 노동자가 결정 과정에 개입할 방안이다. 달리 말하면, 한국 노동운동은 20세기 초의 생디칼리슴이나 길드사회주의에 뿌리를 둔 산업민주주의론을 적극 수용해야 한다. 각 산업 부문에서 노동조합이 고용, 생산, 투자 등의 계획에 공동 결정권자로 참여해야 하며, 장기적으로는 이를 바탕으로 노동자, 소비자, 지역 시민사회 등이 아래로부터 참여하는 민주적 계획 체계를 발전시켜야 한다. 위에서 지적했듯이, 기후 위기에 대응하는 녹색 전환 때문에 이는 더욱 급박한 과제가

2012.

되고 있다. 물론 한국 사회도 여기에서 예외가 아니다.

그러나 이 모든 긴급한 요청에도 불구하고 한국 노동운동은 산업 수준에서 여전히 역량이 취약하다. 오래전부터 기업별 노동조합 중심 체제의 단점과 한계를 자각해 산업별 노동조합으로 전환하려는 노력을 전개했지만, 그 결과는 만족스럽지 못하다. 금속, 공공 등의 주요 부문에 외형상 산업별 노동조합이 건설되기는 했지만, 교섭은 아직도 기업별 협상이 대세다. 그러다 보니 조합원들의 산업별 연대 의식도 강하지 못하다. 현실이 이렇기에 노동조합이 산업 수준에서 공동 결정 주체로 부상해야 한다고 주장하면서도 한국 사회에서 과연 이것이 실현될 수 있을지에 대해서는 회의하지 않을 수 없다. 그렇다고 체념할 수만도 없다. 그러기에는 신자유주의의 쇠퇴나 지구 정치경제 질서의 격동, 기후 위기 같은 거대하고 근본적인 변화가 너무도 빨리 엄습하고 있기 때문이다.

이 대목에서 노동운동가들이 콜의 협업자/산업 시민권 제안을 진지하게 검토하고 참고하길 권한다. 『G. D. H. 콜의 산업민주주의』에서 콜은 산업민주주의가 무엇보다 정치적 시민권에 더한 새로운 시민권 개념의 확립에서 출발해야 한다고 지적한다. 정치적 민주주의의 역사를 돌이켜보면, 이것이 지극히 상식적인 주장임을 알 수 있다. 20세기 벽두에 노동자와 여성은 민주주의의 확립을 위해 싸우면서 다름 아닌 참정권, 즉 정치적 시민권을 달라고 요구했다. 그렇다면 산업민주주의 역시 노동 현장의 참정권, 즉 산업 시민권 보장에서 출발해야 하는 것 아니겠는가.

물론 경제-사회적 시민권에 대한 논의가 이미 있다. 그러나 이는 대개 정치적 시민권에 따른 제도정치 참여(대개는 선거)를 유일한 통로로 삼아 의회의 각 정당이나 국가 관료에게 영향을 미침으로써 획득되는 정책적 효과 정도로 가정된다. 가령 선거를 통해 가난한 이들이 목소리를 내면 국가가 복지정책을 제공한다는 식으로 이해된다. 보통사람들이 인생의 가장 많은 부분을 투여하며 정체성의 기반으로 삼고 더 나아가 지적-도덕적 삶의 기준으로까지 여기는 경제-사회적 활동, 즉 직업 영역은 이러한 시민권 개념과 좀처럼 연관되지 못한다. 어쩌면 시민 기본소득과 같은 대안의 치명적 약점이 여기에 있을 것이다. 기본소득이란 정치적 시민권과 경제-사회적 시민권을 직접 연결시키는 대안이라 할 수 있다. 시민이면 누구에게나 공동체가 일정 액수의 소득을 지급하는 제도이기 때문이다. 여기에서 시민은 정치적 민주주의 외에 다른 방식으로 개입할 통로가 없다. 그/그녀는 자유주의가 상정하는 고립된 개인이기 쉬우며, 그/그녀와 국가(비록 '민주적' 국가라 가정할지라도) 사이에는 어떠한 중간 조직도 전제되지 않는다. 그러나 바람직한 대안이라면 반드시 만인은 '사회적' 개인이라는 원리에 바탕을 두어야 한다. 여기에서 '사회'의 유력한 실체 중 하나는 직업 영역에서 맺는 인간관계와 이에 바탕을 둔 결사체들이다. 이런 이유에서 기본소득 같은 구상은 길드사회주의에 뿌리를 둔 결사체 민주주의(associative democracy)[69]로 보완돼야만 하는 것이다. 또한 그렇기에 경제-사회적 시민권을 구상하면서 우리는 노동 현장에 뿌리를 둔 '산업' 시민권의 가능성을 타진해야 하는 것이다.

콜의 노사 협업관계 제안을 참고해 우리는 21세기 조건에 맞는 산업 시민권 개념을 설계할 수 있을 것이다. 어떤 경우든 핵심은 노동자가 개별 기업의 피고용자 지위를 넘어 소속 산업 전체의 협업자로 인정받아야 한다는 것이다. 이에 따라 개별 기업의 해고 요건도 강화해야 하겠지만, 무엇보다 산업 전체 차원에서 일자리와 일정 수준의 소득, 복지를 보장해야 한다. 노동자는 자기가 속한 산업에서 타의로 방출돼선 안 되며, 사회는 노동자들에게 체화된 산업적 역량의 유실을 막을 책임이 있다. 특정 산업에 속한 모든 기업은 해당 산업 전체에 걸쳐 이러한 산업 시민권을 실질적으로 보장하는 데 기여할 책임이 있다. 그리고 일단 어떤 산업에서 협업자 지위를 인정받은 이들은 누구나 노동 현장의 작업집단, 노동조합, 사회복지 기금 운영위원회, 산업별 혹은 지역

---

69 길드사회주의가 제창한 산업 길드 등을 다양한 자율적 결사체들[연합들] associations로 일반화하고, 이들 결사체가 민주적 국가기구와 함께 공동 결정권자가 되게 하자는 구상이다. Paul Hirst, *Associative Democracy: New Forms of Economic and Social Governance*, Polity Press, 1994.

별 경제 계획 기구 등등의 여러 통로를 통해 소속 산업의 전반적인 운영에 대해 결정권을 행사할 수 있어야 한다.

물론 산업별 노동조합이 성장하지 못한다면 입법을 통해서든 단체협약을 통해서든 이런 산업 시민권 구상을 실제 관철하기는 힘들 것이다. 하지만 역으로 생각해보면 산업 시민권 요구가 산업별 노동조합을 발전시키는 데 효과적인 무기가 될 수도 있다. 가령 산업 시민권의 내용을 채울 여러 구체적인 권리들을 제기하고 이를 산업별 노동조합의 실천과 연결할 수 있다. 그런 권리들로는 직장위원을 포함한 산업별 노동조합 활동의 제도적 보장, 산업별 단체교섭 의무화, 동종 산업 노동자 전체에 대한 산업별 단체협약의 일반적 구속력 확보, 노동조합이 주도하는 산업 단위의 교육·훈련 활성화, 기존 국가 복지 제도에 추가되는 산업 단위의 복지 체계(법정 최저임금을 상회하는 산업별 최저임금, 노동조합이 관리하는 산업별 추가 실업수당 등), 녹색 전환 등에 필요한 산업별 계획 수립 및 집행에 대한 참여 등등이 있다. 이런 권리들의 묶음이자 기반으로서 산업 시민권을 제기함으로써 산업별 노동조합을 강화하면서 동시에 산업 시민권에 바탕을 둔 탈자본주의 지향의 산업민주주의에 대한 지지를 넓힐 수 있을 것이다. 요점은 초기업 단위 노동조합 강화라는 한국 노동운동의 오랜 숙제와 이에 따른 일상 활동을 탈자본주의적 산업민주주의 이념-운동과 분리시키지 않고 둘을 하나의 실천 과정으로 통합하는 것이다.

달리 말하면, 한국 노동운동은 다소 추상적이었던 과거의 '노동해방' 구호를 넘어 이제 매일의 실천 속에서 다음 물음들을 반복하고 그 답을 찾아나가야 한다. 어떻게 해야 노동자가 더 이상 피고용자가 아니라 인간 사회에 반드시 필요한 산업 활동의 협동 생산자일 수 있을까? 어떻게 해야 자본이 노동을 고용하는 체제가 아니라 노동이 자본을 고용하는 체제로 나아갈 수 있을까? 혹은 웹 부부와 콜이 그들 시대에 끊임없이 묻고 또 물었던 것처럼, 어떻게 해야 우리는 좁은 정치 영역만이 아니라 생산과 직업의 현장, 즉 경제 영역에서도 당당한 시민일 수 있을까?

G. D. H. 콜의
산업민주주의

초판 인쇄 | 2021년 2월 16일
초판 발행 | 2021년 2월 26일

지은이 G. D. H. 콜
옮긴이 장석준
펴낸이 최종기
펴낸곳 좁쌀한알
기획 정호영
디자인 제이알컴
신고번호 제2015-000058호
주소 경기도 고양시 일산동구 장항로 139-19
전화 070-7794-4872
E-mail dunamu1@gmail.com

ISBN 979-11-89459-11-6   03320

판매·공급 | 푸른나무출판㈜
전화 | 031-927-9279
팩스 | 02-2179-8103